Gníomhach nó Fulangach?
Fáthmheas ar an Réimse Craolacháin

Active or Passive?
Broadcasting in the Future Tense

Páipéar Glas ar Chraolachán
Green Paper on Broadcasting

Baile Átha Cliath
Arna Fhoilsiú ag Oifig an tSoláthair
Le ceannach direach ón
Oifig Dhíolta Foilseachán Rialtais
Teach Sun Alliance, Sráid Teach Laighean, Baile Átha Cliath 2
nó trí aon díoltóir leabhar.

Dublin
Published by the Stationery Office
To be purchased through any bookseller, or directly from the
Government Publications Sale Office,
Sun Alliance House, Molesworth Street, Dublin 2.

(Pn. 1540)   £6.00

*"**Worldwide conglomeration leads to fears of loss of creative independence and of cultural diversity. It may make it more difficult for a society to choose and implement a media policy of its own.**"*

Denis McQuail "Mass Communication and the Public Interest"

Ta an cháipéis seo á cur i láthair i nGaeilge agus i mBéarla araon. Tosaíonn an téacs Gaeilge ar leathanach 9 **agus tosaíonn an téacs Béarla ar** leathanach 125**.**

This document is presented in both Irish and English. The Irish text starts on **page 9** and the English text on **page 125**.

Clár

Caibidil a hAon

Réamhrá

Réamhrá

1.1 Tagann an gá chun earnáil chraolta na hÉireann a chur ar bhonn sláintiúil reachtaíochta ag am nuair atá athruithe móra ag tarlú san Eoraip, athruithe atá ag tarlú ag luas atá ag géarú i mór-roinn atá corraithe, faoi thuile eolais atá ar fáil beagnach láithreach trí theicneolaíochtaí atá de shíor ag éirí níos sofaisticiúla. Is in Oirthear agus i Lár na hEorpa is mó atá sé seo le sonrú, ach in Iarthar na hEorpa chomh maith tá na fórsaí teicniúla, eacnamaíocha agus polaitiúla atá ag an gcraoltóireacht, agus iad ag teacht le chéile, ag bagairt ar an neamhspleáchas coibhneasta ó fhórsaí rialtais agus margaidh ar fórsaí iad atá ag cruthú imní faoi ionannais chultúrtha.

1.2 Ciallaíonn an próiseas 'feidhmiú ar fud an domhain' a éascaíonn na sruthanna eolais go bhfuil suíomh na líonraí coimpléascacha cumhachta i suíomh nó i mbloc lárnach bunaithe ar chríocha ar leith ag laghdú agus a suíomh i gcomhlachtaí agus in institiúidí domhanda ag méadú. Sa tréimhse go dtí an chéad míle bliain eile, táimid ag feiceáil claochlú tábhachtach ó chórais atá bunaithe ar gheilleagair náisiúnta go ceann atá comhtháite ar fud an domhain, ina ngluaiseann caipiteal go sciobtha ar fud an domhain beag beann ar theorainneacha náisiúnta. Tá an ceannas náisiúnta, mar shoitheach don fhéinriail pholaitiúil, ag tosú ar ligean tríd. Tá athrú domhain ag teacht ar na tionscail chultúrtha, an craoladh san áireamh, faoi thionchar fórsaí a théann níos faide ná cumadh polasaithe na rialtas náisiúnta.

1.3 Tá na teicneolaíochtaí riachtanach do phróiseas seo 'feidhmiú ar fud an domhain'. Tiománann margaí cumhachtacha trasnáisiúnta íomhánna agus sonraí go héasca trasna teorainneacha náisiúnta fan conairí a bhfuil na teicneolaíochtaí nua eolais agus cumarsáide tar éis iad a oscailt. Ceadaíonn an sruth gan stad eolais airgeadais trí sheomraí trádála airgeadraí do dhéileálaithe an sreabhadh caipitil isteach agus amach as geilleagair náisiúnta a rianadh in "am fíor", agus cineál pobalbhreithe ar pholasaithe airgeadais na rialtas ceannasach a reachtáil. Tugann an úsáid mhéadaithe ag craoltóirí de threalamh soghluaiste satailíte taithí fíor-ama 'tá tú ann' ar mhachaire catha i ngaineamhlach deich n-amchrios ó bhaile.

1.4 **An Próiseas Cultúrtha.** Agus an taithí eadráin láraithe san am i láthair, níl brí na bhfocal 'áitiúil' agus 'náisiúnta' chomh soiléir níos mó os rud é go bhfuil an caidreamh sóisialta in aon áit amháin ag teacht níos mó agus níos mó faoi thionchar imeachtaí i gcéin. Ciallaíonn an mothú, a bhaineann leis an bpróiseas 'feidhmiú ar fud an domhain' a bheith á éascú, go bhfuil luas na n-athruithe ag géarú, ní hamháin go bhfuil comhbhrú raidiciúil ann ar an spás-am, áit a bhfuil gach rud tar éis éirí níos láithrigh, de réir bhunbhrí an fhocail, ach go bhfuil scoilt ann, freisin, idir an t-am i láthair agus an t-am atá caite, agus comhfhios nua ann a bhfuil barr maise curtha air ag ár gcumas teagmhála ag leibhéal domhanda.

1.5 Tá éifeacht dhomhain aige seo ar an gcultúr mar phróiseas féin - tuisceana trína gcruthaíonn an cine daonna fíoracha ina dtig leis tuiscint a bheith aige air féin agus a thugann brí don bheatha. Is í an chiall don am atá ag go leor daoine sa lá atá inniu ann ná am na teilifíse agus an raidió, agus cuid de chiall nádúir dhíomuan, neamhiomlán, ghearrshaolach an nuashaoil tríd. Do dhaoine óga i go leor áiteanna ar domhan, is féidir go léireofaí é seo i mian doshásta d'eispeiris nua, i sclábhántacht don fhaisean a ghineann timthriallta na táirgíochta tionsclaí agus i míshásamh míshuaimhneach le neamhchumas táirgí an gheilleagair dhomanda an dóchas iontu a shásamh. Tig leis seo, faoi seach, cultúr naircisíochta a chothú, arb é an toradh air nach mbíonn sna gnáthshaoránaigh ach uirlisí i gcultúr caithréimeach domhanda tomhaltóirí, ag brath ar earraí allmhairithe agus ar íomhánna allmhairithe.

1.6 Tá an bhrí atá le hionannas a bheith ag duine i saol an lae inniu go mór faoi thionchar fórsaí cultúrtha. Go díreach mar a thig le hionannais daoine aonair a bheith láidir, lag, neamhordaithe, mearbhlach nó faoi ghéarchéim, tig le sochaithe iomlána géarchéimeanna ionannais a fhulaingt mar an gcéanna má chailleann siad greim ar chiall don leanúnachas leis an am a chuaigh thart agus má chailltear iad nó má thagann mearbhall orthu trí aimnéise chultúrtha. Tig leis na brúnna chun éascaíocht 'feidhmithe ar fud an domhain', áfach, baint ó cheangal an ionannais sa timpeallacht áitiúil agus i bpobal samhalta an náisiúin. Tugann comhfhios nua an ama i láthair le fios, i bpáirt leis an nua-aimsearthacht, deireadh le mothú an ghnáthruda, le hord ar leith atá bunaithe ar chumhacht an traidisiúin a nglactar leis gan cheist a dhlisteanaíonn gach rud a déantar san am i láthair.

1.7 Cineál an-chorraitheach meabhraíochta nach mór a thabhairt linn in aon smaoineamh faoi ról na meán sa saol comhaimseartha is ea an coimhthiú ó na slatanna tomhais ar a dtógaimid ár saol. Ní mór do shochaithe ar fud an domhain bealaí nua a cheapadh anois chun déileáil le cailliúint seo an chreidimh sa ghnás mar fhírinniú ar

leanúnachas leis an gcaoi a raibh cúrsaí riamh. Léiriú amháin de
thuaslagadh seo na n-ionannas sóisialta laistigh den spás agus ar feadh
an ama, agus den suaitheadh suibiachtúil a thagann as, is ea an
claonadh chun cumha i ndiaidh na seanaimsire sa turasóireacht agus
'iarsmalannú' na hoidhreachta.

Agus fós, is cosúil go bhfuil na hionannais náisiúnta ag maireachtáil,
más ar mhodhanna nua féin, sa domhan seo atá ag feidhmiú níos mó
agus níos mó ar bhonn domhanda agus é á thiomáint ag córais
chumarsáide idirnáisiúnta agus sruthanna eolais. Ar fud na hEorpa, tá
fíochán casta ionannas tiomsaitheacha, a bhfuil fréamhacha doimhne
acu sna cuimhní cultúrtha, á nochtadh féin sna brúnna scoiltatáirgeacha
a oibríonn laistigh de chríocha a bhí "aontaithe" tráth. San oirthear,
cuireann ionannais agus glórtha tiomsaitheacha a bhí báite agus
ciúnaithe roimhe seo iad féin i gcion laistigh d'ord nua polaitiúil agus
cumarsáide. San Iarthar, tá brúnna lártheifeacha agus láraimsitheacha
ag dul i gcion ar an Aontas Eorpach, de réir mar a aimsíonn ionannais
láidre réigiúnda glórtha nua le linn na gluaiseachta chun aontaithe.
Bréagnaíonn na himeachtaí seo an maíomh go bhfuil mealladh an
náisiúnachais, is é sin, mol ionannais tiomsaithigh atá bunaithe ar
chuimhne choiteann mar chóras stórála oird sóisialta a ghabhann le
háit ar leith, as feidhm anois.

1.8   **Comhthéacs an Chraolta.** Maireann an craoladh sa lá atá inniu ann
leis na trasnaíochtaí seo. Mar mhodh chun foilsiú a chur in iúl, tá sé
luchtaithe go láidir le mínithe contrárthacha, le geallúint agus le bagairt.
Tig leis a bheith mar inneall don nua-aimsearthacht, do nuáil
chultúrtha, do chlaochlú sóisialta. Tig leis réimse sláintiúil poiblí a
chothú ina bhfuil an féinmhuinín náisiúnta faoi bhláth agus dírithe i
dtreo an todhchaí mar thacar dúshlán le tabhairt fúthu ar bhealach
forásach. Tig leis stair, cultúr agus ionannas náisiúin a cheistiú go
criticiúil agus ionad caothúil faire a thairiscint chun an oidhreacht sin a
athnuachan. Ach tig leis an gcraoladh a bheith ina bhagairt chomh
maith, ag cur spreagthacht an bhrabúis i gcoimhlint le cearta
comhchoiteanna, an impiriúlachais dhíchríochtha i gcoimhlint le
riachtanais chultúrtha mhionlach. Tig leis sinn a mháchailliú go
polaitiúil, sinn a aonchineálú ó thaobh teanga, agus ár gclaonadh chun
friotail chultúrtha a mhaolú. Is é is ceann de phríomhchuspóirí don
Pháipéar Glas seo ná díospóireacht a spreagadh faoi na bealaí a dtig
linn, trí reachtú, an gealladh a uasmhéadú agus an bhagairt a laghdú.

D'fhonn an craoladh in Éirinn a chur ar bhonn slán don 21ú haois, ní mór na himeachtaí san ord idirnáisiúnta a mheá go cúramach, ní hamháin na claonta ginearálta i dtreo 'feidhmithe ar fud an domhain' a ndearnadh tagairt dó cheana ach freisin na hathruithe a bhaineann go mór mór leis na tionscail chlosamhairc. I gcaitheamh go leor blianta a d'imigh thart d'éirigh le tíortha bochta an Deiscirt, agus iad ag labhairt ó shuíomh imeallachta polaitiúla, teicneolaíche, eacnamaíche agus cultúrtha, tuiscint ar chineál ar leith spleáchais ina nglacann na teicneolaíochtaí eolais agus cumarsáide mór-ról a choimeád ar chlár na ndíospóireachtaí thart ar UNESCO. Ba fhoinse eolais do na díospóireachtaí seo an creideamh go bhfuil gaol casta nuachoilíneach idir forlámhas idéalach ar na cultúir laga náisiúnta i sruth míchothrom eolais agus an forlámhas eacnamaíoch orthu ag dornán mórstát Iartharach agus corparáidí ilnáisiúnta. Mhoilligh feidhmiú fórsaí eacnamaíocha agus polaitiúla ar UNESCO le linn na 1980í luatha na díospóireachtaí, ach níor chuir siad deireadh ar fad leo.

1.9 **Contúirtí an Fhorlámhais.** Tá patrúin an fhorlámhais agus an spleáchais níos láidre inniu, déanta na fírinne, ná mar a bhí nuair a rinneadh an t-éileamh ag Coimisiún MacBride, a bhunaigh UNESCO, le haghaidh Ord Nua Domhanda Eolais agus Cumarsáide (NWICO) den chéad uair. Thug teicneolaíochtaí nua táirgeachta closamhairc agus seachadta corparáidí ilnáisiúnta atá níos cumhachtaí ná riamh isteach in airéine na cumarsáide poiblí. Bíonn na corparáidí sin faoi chosaint go minic i dtimpeallacht idé-eolaíoch a chuireann an caipiteal agus ionad saor fhórsaí an mhargaidh chun cinn mar staid riachtanach dóthanach an daonlathais, agus ag folú staideanna frithdhaonlathacha an fhoráis éagothroim a scaoiltear ag an am céanna. Tá an ghéarchéim le feiceáil go soiléir i Lár agus in Oirthear na hEorpa inniu ó tá na hacmhainní riachtanacha eolais, le comhoibriú grúpaí inmheánacha polaitiúla, ag teacht níos mó agus níos mó faoi smacht an chaipitil iasachta agus faoi thionchar rialtas iasachta. Éiríonn sé deacair, de bharr na n-eis-sreabhadh seo ceannais, fís d'fhorás na sochaithe sin de réir aisling an tsochaí sibhialta daonlathach a thug inspioráid do ghluaiseachtaí leasaithe na 1980í a chuir amach an Cumannachas ar deireadh, a chur in alt a chéile. In ainneoin na ndeacrachtaí sin, tá iarrachtaí á ndéanamh ag Comhairle na hEorpa chun na luachanna a bhaineann le craoladh seirbhíse poiblí a spreagadh i Lár agus in Oirthear na hEorpa.

1.10   An bhfuilimid imdhíonaithe óna leithéidí de bhrúnna idirnáisiúnta in
Éirinn? Agus tionscail na teileachumarsáide, scannán agus na teilifíse
ag teacht le chéile ar gach leibhéal, feicimid mórán gnéithe de rialú an
oird cumarsáide ag gluaiseacht anois ó réimse an cheannais náisiúnta
go dtí dhá phríomh-airéine idirnáisiúnta déanta polasaí, An tAontas
Eorpach (AE) agus an Comhaontú Ginearálta do Tharaifí agus Trádáil
(CGTT), ar institiúidí iad araon atá cleachtaithe i bhfad níos mó leis na
hargóintí tionsclaíocha agus margaíochta ná mar atá le mothálachtaí
cultúrtha. Meabhraíonn nádúr cuimsitheach an bhabhta dheireanaigh
de na pléite CGTT dúinn go bhfuil tionscal closamhairc SAM
ceannasach ar fud an domhain i gcónaí agus áirítear sa cheannas sin
pictiúrlanna agus scáileáin teilifíse na hEorpa. Is ábhar a tháirgtear i
Meiriceá Thuaidh a ghineann gar do 80% den ioncam ó scannáin san
Eoraip; ina choinne sin, is é an céatadán céanna, a bheag nó a mhór,
de scannáin Eorpacha nach bhfágann an tír ina ndéantar iad.

1.11   Tá earnáil closamhairc SAM, mar sin, suite in ionad ceannasach
domhanda atá do-ionsaithe. Ceadaíonn sineirgeachais chorparáideacha
do mheigeachorparáidí a gcuid priacal a íoslaghdú trína gcuid táirgí a
bhainistí trasna go leor margaí éagsúla baile agus domhanda. Tagann
an t-athstruchtúrú seo agus na sineirgeachais chultúrtha le chéile chun
athchúrsáil trastionsclaíoch déantán cultúrtha a tháirgeadh trasna
réimse leathan táirgí meán cumarsáide agus tomhaltóra atá dírithe go
mór mór ar an margadh páistí.   Tá socruithe nuálacha á bhforbairt de
shíor mar fhreagra ar nádúr ardphriacail na táirgeachta cultúrtha, ina
n-áirítear áirithiú aschladaigh ar cóipchearta agus réamhdhíol ceart
pictiúrlann, teilifíse agus físeán, a dtig leo na costais a athghabháil go
fiú sula dtosaítear ar scriopt a léiriú.

1.12   Is é an toradh praiticiúil ar an mbrú ceannasach seo i dtreo 'impireacht
fhóillíochta' dhomhanda ná go bhfuil lucht féachana na hEorpa srianta
do stór teoranta cultúrtha de tháirgí iasachta, atá á ndáileadh ag dornán
táirgeoirí móra, agus go dtomhaíonn siad aiste throm táirgí meáin
scáileáin a bhfuil a bpointe tagartha cultúrtha na mílte míle i gcéin.
Ciallaíonn sé freisin go gcuirtear an tallann agus an cumas táirgeachta
dúchasach, san Eoraip i gcoitinne agus in Éirinn go háirithe, faoi chois
agus go n-onnmhairítear poist.

1.13 Déanann tionscail closamhairc SAM, le tacaíocht óna Rialtas féin atá intuigthe óna ndearcadh siúd, argóint i gcoinne tacaíocht stáit don earnáil chlosamhairc san Aontas Eorpach agus tá brú uathu faoi dhíchur na gcuótaí agus na bhfóirdheontas atá ceaptha chun na tionscail chultúrtha Eorpacha a chosaint agus a fhorbairt. Níor mhór, gan amhras, go gcuirfí tús athuair leis na pléite, a moillíodh ag deireadh Bhabhta Uragua, leis an gcuspóir ó thaobh na Meiriceánach ná na bacainní trádála go léir atá fágtha a chur as an mbealach.

Cé gur beag atáthar ag cur in aghaidh an bhrú seo le haghaidh tuilleadh rochtana ar scáileáin na hEorpa in Oirthear agus i Lár na hEorpa, tá staid ceannasach tionscal closamhairc Mheiriceá san Aontas Eorpach tar éis an tAontas a spreagadh chun polasaithe a chruthú chun a spás closamhairc féin a neartú trí iarracht a dhéanamh ar chóneasú polasaithe meán agus cultúrtha a chuid ball a thabhairt i gcrích. Tá tuiscint nua san Aontas Eorpach, ar a laghad, den ghá atá ann forbairt, feidhmhiú agus rialú na dteicneolaíochtaí nua cumarsáide a nascadh le cothú na n-ionannas tiomsaitheacha trí pholasaí aontaithe closamhairc.

1.14 **Na hImpleachtaí Polasaí.** Tá trí ladhar i sá an pholasaí seo de chuid an AE atá á nochtadh agus a mbeidh éifeacht dhomhain aige ar Éirinn:

1. margadh craolta na teilifíse a athstruchtúrú agus a chomhchuibhiú;
2. idirghabháil a dhéanamh sna struchtúir do tháirgeadh agus do dháileadh scannán agus clár teilifíse;
3. comhchur chuige Eorpach chun forbairt na gcrua-earraí cumarsáide a chothú.

Ardaíonn na bearta seo ceisteanna ar gá iad a fhreagairt ó dhearcadh Éireannach. Cé na himpleachtaí a thagann as leathnú inniúlacht an Aontais chuig polasaí cultúrtha, a bhí, de réir traidisiúin, laistigh den inniúlacht náisiúnta amháin, mar thoradh ar Airteagal 128 de Chonradh Maastricht? Cé chomh domhain agus ba cheart dúinn a bheith ar son margadh comhtháite a bheith ann, mar a cuireadh chun cinn sa treoir 'Teilifís gan Teorainneacha', agus cén fáth? An é toisc gurbh fhearr a thacódh cur chuige an tsaormhargaidh liobrálaigh an tionscal closamhairc i gcoinne dul i bhfeidhm iomaitheoirí SAM agus na Seapáine ar an margadh nó toisc go gcreidimid gurb fhéidir agus gur cheart spás singil closamhairc Eorpach, a chothódh ionannas coiteann Eorpach, a chur ar an bhfód?

1.15   Ar an lámh eile dhe, an féidir go millfeadh saorfheidhmiú fhórsaí an
mhargaidh iomláine chultúrtha Ballstát, ar cheart go mbeadh neart
polaitiúil an Aontais bunaithe uirthi? An bhféadfadh a leithéidí d'fhórsaí
an mhargaidh, dá bhfágfaí iad chucu féin, brú i gcoinne na gcóras
craolta seirbhíse poiblí a thógáil agus taobhú le fiontair mhórscálacha
ach iarrachtaí na réigiún agus na dtíortha beaga a bheith thíos leis?
Cé chomh fada a dtig linn a bheith ag brath ar thacaíocht na mBallstát
eile do pholasaí aontaithe tacaíocht a thabhairt chun cur i gcoinne
na n-éifeachtaí diúltacha a d'fhéadfadh a bheith ag margadh aonair
teilifíse?

1.16   Tá an teilifís satailíte ag cur luas le forás an Bhéarla mar theanga
osnáisiúnta, do chumarsáid idirphearsanta agus do chumarsáid trí na
meáin araon. Tá go leor tíortha, i bhfianaise na ndeacrachtaí a
ghabhann le teacht ar dhóthain caipitil infheistíochta, rud a laghdóidh
an neamhchinnteacht eacnamaíochta atá mar ghnáthchuid den
táirgeadh cultúrtha, agus ar mhargaidh atá sách mór chun taca a
thabhairt d'earnáil dhúchasach táirgeadh scannán agus teilifíse, ag cur
luas leis an gclaonadh i dtreo aghaidh a thabhairt ar dhomhan an
Bhéarla mar an pobal domhanda is mó agus is saibhre. Mar gheall
ar an gceangal staire, cultúrtha, tíreolaíochta agus eacnamaíochta
atá againne le domhan an Bhéarla, conas a réitímid le chéile na
bagairtí agus na deiseanna dár n-earnáil dhúchasach chlosamhairc i
dtimpeallacht iar-CGTT? An bhfuil sé neamhréalaíoch go fiú
machnamh ar iarracht fhuinniúil a dhéanamh an éagothroime sa
sreabhadh teilifíse agus scannán a cheartú agus díriú ar shreabhadh
cothrom mar chuspóir? Sa deireadh thiar, conas a réitímid ár bpolasaí
cumarsáide i leith domhain an Bhéarla, go mór mór leis an gcuid
de a bhaineann le Meiriceá Thuaidh, lenár ndíograis chun polasaí
Eorpaigh?

1.17   **Féinmhuinín Náisiúnta.** Sna féidearthachtaí go léir atá oscailte
dúinn, ní mór dúinn an deacracht, atá ag méadú, ar céard atá 'náisiúnta'
faoi tháirgeacht na dtionscal cultúrtha a aithint nuair is ann do na
réaltachtaí eacnamaíocha agus pragmatacha i leagan amach an
chomhtháirgthe i dtáirgeadh scannán agus teilifíse. Tá an claonadh seo
i dtreo an chomhfhiontair soiléir go fiú i SAM. Dá bhrí sin, tá an
neamhchosúlacht ag méadú sa todhchaí go bhfuil tionscal closamhairc
an domhain chun bheith ag brath ar stór tallainne, téamaí, scéalta agus
go fiú teanga aon tíre amháin ar leith. Céard iad impleachtaí cultúrtha,
seachas eacnamaíocha, an chlaonta seo i dtreo cumasc leas cistithe

agus margaíochta i dtáirgeadh Eorai-Mheiriceánach? An mbeidh sé mar
thoradh ar an gcomhfhiontar go 'dtanófar' na cultúir náisiúnta Eorpacha
ina steiréaphlátaí le tomhailt ar scáileáin Mheiriceá Thuaidh? An
dtabharfaidh na próisis dhomhanda tháirgthe, agus iad scortha
ó ionannais agus ó chuimhní ar leith cultúrtha, comhábhair ó
dhomhain éagsúla cultúrtha le chéile i gcumasc iar-nua-aimseartha
scor, bloghanna ficsin, eilimintí ó fhoinsí difriúla cultúrtha, geáitsí
athdhúchasacha, agus iarsmaí d'fhoirmeacha níos luaithe a bhaineann
daoine ó threo?

1.18   Deir roinnt teoiricithe iar-nua-aimseartha go mb'fhéidir, i sochaí eolais
atá ar maos in iomad íomhánna meán cumarsáide, go scriostar amach
an 'réaltacht' agus go n-imíonn na meáin ar an bpointe ina ndúpholl a
shúnn gach ábhar isteach i gcuilithe gan chiallachais. As seo tagann
eispeireas nua 'hipirfhíor', mar a n-éiríonn an t-idirdhealú idir an
réaltacht agus an t-íomháineachas sóisialta agus polaitiúil doiléir ar
chaoi nach féidir iad a shoiléiriú arís. Ceist níos dóchasaí agus is
fearr a chumasaíonn is ea fiafraí an féidir leis an saibhreas eagna agus
samhlaíochta atá ar fáil i gcomhair táirgeadh cultúrtha in Éirinn spás a
fháil chun go gcloisfí a ghlór. An mbeidh sreabhadh láraimsitheach
déantán ó fhorimeall na hEorpa go dtí na lárgheilleagair Eorpacha agus
Béarla a rachaidh cuid den bhealach chun an sreabhadh lártheifeach
atá ag teacht ón lár? An féidir linn an timthriall spleáchais chultúrtha
atá eindéimeach do go leor sochaithe iarchoilíneacha a bhriseadh leis
an mbonneagar cuí airgeadais, teicneolaíochta agus oideachais agus le
polasaithe rialaithe agus eagna chruthaíoch glúine níos óige a
scaoileadh? An mbeidh ar ár gcumas táirgeadh cultúrtha na hÉireann a
instealladh le féinmhuinín criticiúil réigiúnda, slán ina ionannas i
náisiún forimeallach, a chuireann leis an ngealladh spáis chlosamhairc
Eorpaigh nach bhfuil leamh, monailiteach, agus clástrafóibeach?

1.19   Is é polasaí an Rialtais é a chinntiú go mbeidh na cláir theilifíse agus
raidió Éireannacha ar an gcaighdeán is airde agus go leanfaidh siad
mar rogha thromlach lucht féachana agus éisteachta na hÉireann.
Tugann an Páipéar Glas seo éirim roinnt cheisteanna agus iarrann an
Rialtas a gcuid smaointe ó, agus a bhfuil le rá ag, lucht féachana, lucht
éisteachta agus daoine eile a bhfuil suim ar leith acu sa chraoladh.

Ba cheart tuairimí agus freagraí a chur ar aghaidh a luaithe is féidir ach roimh an 30 Meán Fómhair 1995 chuig:

An Rannóg Craolacháin,
An Roinn Ealaíon, Cultúir agus Gaeltachta,
"Dún Aimhirgin",
43-49 Bóthar Mespil,
Baile Átha Cliath 4.

Caibidil a Dó

2 Cúlra

Cúlra

2.1   Tá an craoladh sa tír seo beagnach 70 bliain d'aois. Cuireadh tús leis
an scéal ar 1 Eanáir, 1926, i ndiaidh achtú an Achta Raidió-
Thelegrafaíochta, 1926, i Sráid na Danmhairge i mBaile Átha Cliath le
dhá phianó, dhá mhicreafón, tolg agus cathaoir shócúil agus micreafón
chomh maith le tarchuradóir 1KW a cuireadh suas ag Oifig an Phoist i
bhfoirgneamh adhmaid ar chuid de láithreán Bheairic Mhic Aoidh i
mBaile Átha Cliath. Ar feadh an chéad 35 bliana eile bhí an tseirbhís ag
feidhmiú laistigh de theorainneacha Ranna Státseirbhíse, an Roinn Poist
agus Telegrafa, cé gur bunaíodh comhairle chomhairleach ó 1952 i
leith, grúpa cúigir ó ghairmeacha éagsúla, chun gnó an stáisiúin ó lá go
chéile a chur i bhfeidhm agus chun brí a thabhairt do na polasaithe.

2.2   Ba phointe tábhachtach i gcraoladh na hÉireann bunú Údaráis
Chraolacháin faoi fhéinriail i ndiaidh achtú an Achta um Údarás
Craolacháin, 1960. Thug an tAcht seo cairt nua don chraoladh.
Sainmhíníodh cumhachtaí, feidhmeanna agus cuspóirí an Údaráis nua
agus tiomnaíodh don chomhlacht sin foirmliú na bpolasaithe i leith an
chraolta laistigh de na paraiméadair a leagadh síos sa reachtaíocht.

2.3   Rinneadh athbhreithniú bunúsach amháin ar fhorás na seirbhísí teilifíse
agus raidió ó bunaíodh Údarás RTÉ. I Mí an Mheithimh 1941 cheap an
tAire Poist agus Telegrafa a bhí ann ag an am an Coiste Athbhreithnithe
Craolta. Thug an coiste seo a dtuairisc ar 30 Márta, 1974. Tar éis na
moltaí agus na conclúidí a bhí i dTuairisc an Choiste a mheas achtaíodh
an tAcht um Údarás Craolacháin (Leasú), 1976. Den chuid is mó is iad
an tAcht seo agus bun-Acht 1960 bunús reachtach na
dtreoirlínte i dtaobh polasaí craolacháin atá leagtha síos d'Údarás RTÉ.

2.4   Idir 1988 agus 1993 ritheadh trí phíosa reachtaíochta ag déileáil leis an
gcraoladh. Bhunaigh an tAcht Raidió agus Teilifíse, 1988, an Coimisiún
um Raidió agus Teilifís Neamhspleách ar mhúnla Údarás RTÉ, agus leag
air an cúram seirbhísí craolacháin neamhspleácha tráchtála a fhorbairt
ag leibhéal náisiúnta, áitiúil agus pobail. Tá an chairt a leagadh síos
san Acht sin i leith dhualgais agus fhreagrachtaí na hearnála tráchtála
níos éadroime ná í sin a bhaineann le RTÉ. Is eol go forleathan
conas mar a d'éirigh le roinnt agus a theip ar roinnt eile san earnáil
neamhspleách agus ní gá trácht orthu sa pháipéar seo.

2.5 I 1990 agus iarracht á dhéanamh inmharthanacht na hearnála craolta neamhspleáiche a éascú, achtaíodh an tAcht Craolacháin, 1990. Chuir an tAcht sin uasteorainn ar an méid ioncaim ó fhógraíocht a d'fhéadfadh RTÉ a thuilleamh gach bliain agus chuir sé teorainn reachtúil freisin ar an méid ama a d'fhéadfadh RTÉ a thabhairt le haghaidh fógraíochta. Ba é an dóchas a bhí ann ná go ndíreodh na bearta seo fógraíocht go dtí an earnáil neamhspleách. Is í an fhírinne, áfach, gur theip ar aon nós ar na seirbhísí a mbeifí ag súil gur mhó a bhainfeadh leas as an gcóras sin nó nár tháinig siad ar an saol in aon chor. Mar thoradh air seo chruthaigh an teorainn ar ioncam RTÉ ó fhógraíocht agus an teorainn reachtúil ar an méid ama craolta a d'fhéadfaí a thabhairt d'fhógraíocht fadhbanna do RTÉ, do na fógróirí agus don earnáil chlosamhairc. Aisghaireadh na forálacha seo de bhua an Achta um Údarás Craolacháin (Leasú), 1993, agus aiscuireadh faoi alt 2 d'Acht 1993 na forálacha in alt 14 den Acht um Údarás Craolacháin (Leasú), 1976, a bhain le fógraíocht.

2.6 Tá an córas reachtúil reatha i leith an chraolta sa tír seo, mar sin, bunaithe go mór ar reachtaíocht a ritheadh os cionn tríocha bliain ó shin. Ag an am sin ní raibh aon chórais chábla nó MMDS ann agus ní raibh craoladh teilifíse satailíte indéanta. Ní go dtí 1965, nuair a láinseáladh an tsatailít chumarsáide "Early Bird", a d'fhéadfaí dáileadh trasnáisiúnta clár teilifíse a dhéanamh ar bhonn praiticiúil. Is amhlaidh a bhí an teicneolaíocht gur chuir infhaighteacht an speictrim raidió teorainn daingean ar an líon seirbhísí craolta a d'fhéadfaí a sholáthar.

Caibidil a Trí

Na Meáin Chumarsáide agus an Réimse Poiblí

Na Meáin Chumarsáide agus an Réimse Poiblí

3.1   Is é cuspóir earnála sláintiúla táirgíochta in Éirinn ar deireadh thiar, go mór mór sa chraoladh mar go mbaineann sé ag an am céanna le domhan an táirgthe closamhairc agus le domhan na hiriseoireachta, réimse sláintiúil daonlathach poiblí a chothú. Is í is ciall leis seo ná an réimse sin dár saol sóisialta inar féidir a leithéid de rud agus tuairim phoiblí a chruthú, agus an rochtain chuige ar oscailt do na saoránaigh go léir.

3.2   **Cóimheá na Cumhachta.** Thug an tobleathnú cumarsáide le blianta beaga anuas leis leathnú sciobtha na seirbhísí cábla agus satailíte, úsáidí nua cábla eolais do cháblaí agus do línte teileafóin, agus ríomhairiú gach gné den eolas agus den chumarsáid. Tá sé seo tar éis tarlú in airéine atá ag éirí níos comhtháite de réir a chéile atá ag tabhairt le chéile na meáin leictreonacha, an teileachumarsáid agus na seirbhísí eolais, réimsí a bhí scartha óna chéile roimhe seo. Tá mar thréith ag an bhfeiniméan seo ar fud an domhain go bhfuil comhlachtaí ag comhtháthú níos mó agus níos mó go cothrománach agus go hingearach. Tá an poiteinseal aige chun roghanna saoránach a mhéadú, chun deiseanna a sholáthar chun go gcloisfí líon mór guthanna difriúla agus chun malairt earraí a thairiscint don phobal.

Ach is í an chéad aincheist nach mór aghaidh a thabhairt uirthi i ndáil le sochaí daonlathach ná conas na brúnna a iarrann le tráchtearra amháin a dhéanamh den eolas a réiteach leis an ngá a luach mar ´ mhaith phoiblí a choinneáil. Céard é an cóimheá optamach ar cheart dúinn a bheith ag iarraidh a bhaint amach sna gaoil iolracha idir teicneolaíochtaí, rialaitheoirí, soláthraithe, agus úsáideoirí? I roinnt tíortha, is iad na soláthraithe de sheirbhísí eolais is mó a thiomáineann an córas polasaithe áit ar bheag nach bhfágtar an polasaí ar leataobh ar mhaithe leis an margadh. Ciallaíonn sé seo go minic gur caitheadh amach a leithéidí de luachanna seanbhunaithe ar nós an éagsúlacht eolais agus rochtain iomlán agus cothrom chuig na seirbhísí ar an mbealach. Glactar leis go coitianta i SAM, mar shampla, gur tháinig meath inléirithe ar na cláir cúrsaí reatha ar theilifís na líonraí mar thoradh ar dhírialú an chraolta sna 1980í agus gur bheag nár imigh cláir fhaisnéise ar ceal ar fad ó sceidil na gclár. Bhí mar thoradh air chomh maith gur tugadh tosaíocht do leas na bhfógróirí thar leas an lucht féachana. Tháinig méadú san am fógraíochta i gcoitinne ach tháinig an méadú ba mhó sna cláir do pháistí. Tharla sé sin ainneoin gearáin ó eagraíochtaí tuismitheoirí nach féidir le páistí óga intinn áititheach na

fógraíochta, go mór mór an cineál nua leagain amach a fhaigheann
réidh leis an idirdhealú traidisiúnta idir clár agus fógra, a thuiscint.

3.3 **Leas an Phobail.** Treo iomlán difriúil le haghaidh próisis chruthaithe
polasaí sa sochaí daonlathach is ea geallúint a dhéanamh lena chinntiú
go bhfuil tuiscint ar leas an phobail curtha isteach sa réim eolais atá ag
teacht chun cinn. San am atá thart bhain an míniú céanna leis an
téarma craoltóir agus a bhain le húsáid an speictrim raidió chun cláir a
chur amach go dtí lucht éisteachta ginearálta. Chuir an fháil a bhí ar an
speictream srianta ar líon na seirbhísí a d'fhéadfaí a chur ar fáil. De
bharr an dul chun cinn teicneolaíochta, go háirithe meicníochtaí nua
dáiliúcháin agus modhanna do chomhbhrú digiteach, tiocfaidh athrú
bunúsach de réir a chéile ar na srianta sin, arb iad an taca traidisiúnta
iad do thabhairt faoin gcraoladh ar bhealach freagrach, rud a dhíríonn
aird ar chomh tábhachtach is atá sé ómós a thabhairt as an nua do leas
an phobail i bhforbairt polasaí. (Ar ndóigh, beidh fadhbanna bainistí
minicíochtaí ar leith ann san idirthréimhse ina ndéanfar an t-athrú chuig
craoladh digiteach. Braithfidh na scálaí ama don aistriú ón analóg go
dtí an digiteach ar an dóigh ina rachaidh trealamh úsáideora i bhfeidhm
sa mhargadh. Ón taithí atá ann níl idirthréimhse de mhéid 15 go 20
bliain as an ngnáth). Cuirfidh na córais nua seachadta seo taca ar fáil
d'ilmheáin idirghníomhacha, a chuirfidh ar chumas úsáideoirí
gluaiseacht thart go réidh trí fhoinsí éagsúla eolais a chuimsíonn
íoc-de-réir-an-amhairc (PPV), físeán ar éileamh (VOD) agus neas-VOD,
agus a chuirfidh ar a gcumas íomhánna, fuaimeanna agus téacsanna a
chomhcheangal mar is mian leo. Mar sin, tá gá le hathfhoirmliú a
dhéanamh ar fhreagracht shóisialta i gcomhthéacs na rialála i dtreo gur
féidir a chuid fréamhacha i dtraidisiún teoirice daonlathaí na hEorpa a
neartú. Gan é sin, an bhfuil baol ann nach gcuirfear in ionad na srianta
traidisiúnta atá ann faoi láthair ach comhchruinniú úinéireachta ar an
teicneolaíocht seachadta nua?

3.4 I dtraidisiúin teorice agus cleachtais daonlathais Iarthar na hEorpa,
tá na modhanna cumarsáide poiblí suite i gcroílár an phróisis
dhaonlathaigh. Is é leas an phobail an daonlathas a leathnú agus a
dhoimhniú trí dheiseanna le haghaidh rochtain chothrom sofhála a cur
ar fáil do gach saoránach chuig díospóireachtaí poiblí trí na meáin agus
chuig na foinsí iomlán éagsúla eolais a theastaíonn chun páirt iomlán a
ghlacadh sa saol sóisialta. Ba cheart go mbeadh na polasaithe, mar sin,

tógtha ar mheasúnú de riachtanais na saoránach i sochaí eolais atá ag
teacht chun cinn mar atá in Éirinn faoi láthair, agus go mbeidís ag
dearadh an chumaisc chuí teicneolaíochtaí agus acmhainní eagraíochta
atá ar fáil i ngeilleagar measctha a shásóidh na riachtanais sin.
Cé na polasaithe a chuireann an tsaoránacht chun cinn seachas an
tomhaltachas fulangach? An bhfuil lucht féachana teilifíse agus lucht
éisteachta le sainaithint mar dhaoine fulangacha agus soghonta nó mar
bhailiúchán gníomhach, urrúnta, neamhspleách, idirdhealaithe 'pobal'?

3.5   **Fealsúnacht Dhaonlathach.** Tá gá ann le fealsúnacht dhaonlathach
cumarsáide d'fhonn na polasaithe poiblí i ndáil le rialú an chraolta a
threorú. Tá sé ráite go héifeachtach gur tháinig réimse daonlathach, cé
go raibh sé teoranta d'fhireannaigh den mheánaicme, chun cinn in
Iarthar na hEorpa ag deireadh an ochtú haois déag agus tús an naoú
haois déag mar shaorspás pléite poiblí i measc saoránach. Trí oibriú na
bpatrún cothrománach cumarsáide a cothaíodh sna clubanna polaitiúla
agus liteartha, sna cumainn léitheoirí a bunaíodh chun nuachtáin, irisí
agus leabhair a phlé, sna tithe tae agus caife agus sna paimfléid a bhí
ag imeacht thart iontu sin - institiúidí díospóireachta polaitiúla iad ar
fad - thosaigh aigne phobail ag teacht chun cinn a ghlac chuici féin
mar théama an t-údarás polaitiúil, ag idirghabháil idir cumhacht phoiblí
an stáit agus réimse príobháideach an ghnáthshaoil. Go mór mór
tháinig an 'saorphreas', a d'fhéadfaí féachaint air b'fhéidir mar
réamhtheachtaire ar chraoladh seirbhís poiblí, lena 'shaoirse' á chosaint
go bunreachtúil i roinnt cásanna mar an Cheathrú Eastát, chun cinn
mar institiúid thábhachtach eolais, díospóireachta, freasúra, léirmheasa
- ag tabhairt deis do roinnt codanna, ar a laghad, de na saoránaigh páirt
a ghlacadh i ngnóthaí an phobail.

3.6   Chuaigh na nuachtáin, mar sin, ó bheith ina ndíoltóirí eolais nua chun
a bheith ina ndéiléalaithe aigne pobail, ag soláthar agus ag neartú le
díospóireachtaí pobail, ach gan a bheith ina meán don chultúr
tomhaltachais go fóill. I gcontrárthacht air seo, áfach, sa chéad seo is
as an meath ar an réimse poiblí a tharla cuid mhór de bharr athruithe in
úinéireacht, i rialú agus i bhfeidhmiú na nuachtán, a tháinig faisnéis
phobail dhípholaitithe na 1950í. De bharr fhorás na bhfobhailte agus
na n-ionad siopadóireachta, chomh maith le teacht chun cinn meán
nua leictreonach, chúlaigh go leor daoine ón réimse poiblí isteach i
sochaí i bhfad níos príobháidí a raibh mar thréithe aige cúlú ón bpobal
agus tóraíocht pléisiúr don duine aonair agus patrúin tomhaltais.

3.7   **Díospóireacht Phoiblí.** An bhfuil sé seo réasúnta cruinn mar anailís ar conas mar atá roinnt sochaithe ag forbairt? An mbaineann sé le hÉirinn? An bhfuil cás le cur go bhfuil éigeandáil an réimse phoiblí mar a chuireann Habermas agus tráchtairí eile síos uirthi ag éirí níos doimhne, agus ilchuideachtaí ábhalmhóra trasnáisiúnta siamsaíochta a bhfuil smacht acu ar chodanna fairsinge de na tionscail chumarsáide ag sruthlíniú na táirgíochta cultúrtha ar fud an domhain? An é ról na díospóireachta poiblí i gcruthú na haigne pobail agus na bpolasaithe á gcreimeadh ag daingniú patrún ingearach aontreo atá dírithe ar shaoránaigh dheireadh an 20ú haois a choimhthiú? An féidir breathnú ar aon spás meáin chumarsáide mar réimse poiblí má tá fadhb litearthachta ann nó má tá na nuachtáin thablóideacha in ann brú láidir tráchtála a imirt ar na nuachtáin ardchaighdeáin?

3.8   Is léir go bhfuil na nuachtáin ardchaighdeáin agus an craoladh araon ag comhlíonadh na bpríomhfheidhmeanna a bhaineann leis an réimse poiblí a chomhdhéanamh. Sna codanna sin den earnáil chumarsáide ar féidir iad a thabhairt faoi rialú ar mhaithe leis an bpobal, is féidir prionsabail áirithe a chur i bhfeidhm a rachaidh cuid den bhealach i dtreo muinín in aisling an réimse phoiblí mar chaighdeán chun léirmheas a dhéanamh ar chleachtaí reatha.

Ós rud é go dteastaíonn cláir nuachta agus chúrsaí reatha, mar shampla, chun go bhfeidhmeoidh sochaí urrúnta daonlathach go maith, agus go bhfaigheann cuid mhór dá shaoránaigh a gcuid eolais ón teilifís agus ón raidió, nár chóir go mbeimis i gcás faoi mhéid, faoi chaighdeán agus faoi eagar ama na gclár a chraoltar le linn na bpríomhuaireanta féachana agus éisteachta? Ar leor seirbhís chinnlínte nuachta amháin, nach gcuireann a dhóthain ama ar fáil d'anailís dhomhain agus comhthéacsú, chun taca a thabhairt do shaoránaigh a bhfuil a ndóthain faisnéise acu chun páirt a ghlacadh i gcinnte poiblí? An ndéantar freastal ar leas an phobail trí ghearradh siar raidiciúil a dhéanamh ar chláir chúrsaí reatha agus faisnéise le linn na bpríomhuaireanta féachana agus éisteachta? An bhfuil rochtain na gclár cúrsaí reatha teoranta cuid mhór chuig urlabhraithe buanréime nó an síntear an rochtain a dhóthain go saoránaigh aonair agus grúpaí leasa pobail? Cé chomh mór a phléitear ceisteanna a bhfuil tábhacht phoiblí leo ó éagsúlacht dearcadh? An bhfuil a ndóthain léargais staire nó mínithe neafaiseacha ann chun brí a thabhairt do scéal? Conas is féidir linn an iomarca smachta ar dhíospóireachtaí ó dhaoine gairmiúla sna meáin

agus ó bhaill ardghradamacha den sochaí a sheachaint?
An bhfuil gá le meicníocht le haghaidh aiseolas ón lucht féachana i
dtreo gur féidir feidhmiú na meán a anailísiú agus iarrachtaí réasúnta a
dhéanamh claontachtaí agus easnaimh a leigheas?

Is é an craoladh seirbhíse poiblí an múnla do chumarsáid phoiblí a
d'fhreastail go réasúnta maith orainn ó thús an raidió. Ní mór dúinn
anois a mheas mar a d'éirigh linn mar shaoránaigh leis an modh seo,
ar cheart a lamháil a shíneadh go dtí múnlaí nua raidió agus teilifíse atá
ag teacht chun cinn, agus ar ndóigh an múnla cuí é ar chaoi ar bith i
dtimpeallacht nua na cumarsáide atá dréachta cheana féin.

3.9   **Roinnt ceisteanna a ardaítear le haghaidh díospóireachta
sa chaibidil seo:**

**Ardaíonn forbairt agus comhtháthú teileachumarsáide,
craolacháin agus theicneolaíocht eolais, mar aon leis
bpoiteinseal do phléascadh i líon na seirbhísí a mbeidh fáil
orthu, ceisteanna den chineál seo a leanas:**

(a)   **Céard í an choimheá cumachta is fearr san iliomad
gaolta idir teicneolaíochtaí, rialaitheoirí, soláthróirí
agus úsáideoirí?**

(b)   **Céard é leas an phobail i ndáil leis an gcraoladh agus
conas is fearr freastal air amach anseo?**

Craoladh Seirbhíse Poiblí agus Teicneolaíochtaí á bhforbairt

Craoladh Seirbhíse Poiblí agus Teicneolaíochtaí á bhforbairt

4.1   I laethanta luatha an chraolta chiallaigh na srianta teicneolaíochta a bhain le hinfhaighteacht an speictrim mhinicíochta chraolta nach bhféadfaí ach cuid bheag seirbhísí a bhunú. Mar riail ghinearálta san Eoraip bunaíodh na seirbhísí i múnla an "craoladh seirbhíse poiblí". Chomh maith leis seo bhí faitíos ar go leor Rialtas náisiúnta roimh chumhacht an mheáin nua seo agus d'imir siad smacht daingean ar úinéireacht na n-áiseanna craolta agus bhí tionchar acu ar ábhar na gclár. Is leis na forbairtí teicneolaíochta sa teileachumarsáid, sna saitilítí agus i gcáblaí le linn na ndeich mbliana seo caite a tharla féidearthachtaí chun méadú suntasach a chur le líon na seirbhísí craolta.

4.2   Sa timpeallacht nua ní mór smaoineamh ar céard atá i gceist leis an téarma "craoladh seirbhíse poiblí" agus a ábharthacht don todhchaí. Tháinig forás ar an gcoincheap i gcaitheamh na mblianta ó laethanta luatha an raidió. Bhí an Tiarna Reith, a mbreathnaítear air mar an té ba chúis leis an gcoincheap, den tuairim go raibh dualgas morálta ar chraoltóirí an raidió a úsáid mar uirlis léargais. Bhí toil an phobail ró-ghuagach agus ró-neamhchinnte chun glacadh léi mar threoir i ndéanamh clár. Ba cheart go mbeadh na cláir ar an "taobh uachtair" de spéis an phobail. Go traidisiúnta baintear úsáid as an bhfrása "siamsaíocht, faisnéis agus oideachas a sholáthar" mar iarracht ar shainmhíniú ar an gcoincheap.

4.3   I dtéarmaí na hÉireann dúirt ath-Ard-Stiúrthóir de chuid RTÉ go bhfuil fealsúnacht an chraolta ar fáil sna spreagthaí atá taobh thiar d'aistriú na n-aitheanta seo, sna tuiscintí atá thart ar fhoirmiú na bpolasaithe a bhfuil mar aidhm acu oideachas, faisnéis agus siamsaíocht a thabhairt don phobal a bhfuil an craoltóir ag freastal orthu. Lean sé ar aghaidh agus dúirt gur féidir a rá in Éirinn gurb é an bhunfhealsúnacht ná an toil, chomh fada agus is féidir, seirbhís chraolta a sholáthar a mbeidh cáilíocht leithleach Éireannach aici, a léireoidh luachanna Éireannacha agus a aithneoidh freagracht na seirbhíse náisiúnta craolta i leith leas cultúrtha chomh maith le siamsaíocht.

4.4   Ina iomláine is dócha go gcuimsíonn sé anois na gnéithe seo a leanas:-

■ Bítear ag súil go bhfreastalóidh an craoladh ar "leas an phobail" nó "an mhaith choiteann" ag comhlíonadh tascanna a chuirfidh le leas níos leithne agus níos fadtréimhsí an tsochaí ina iomláine.

■ Ba chóir go mbeadh na cláir a chraoltar ar fáil ag an daonra iomlán.

■ Ba chóir go bhfreastalódh na cláir a chraoltar ar leas agus suim cách.

■ Ba chóir freastal ar leith a dhéanamh ar mhionlaigh.

■ Ba chóir go n-aithneodh craoltóirí an gaol ar leith atá acu do chiall an ionannais náisiúnta.

■ Ba chóir go mbeadh an craoladh scartha amach ó gach leas bunaithe agus go mór mór ó leasanna Rialtas an lae.

■ Ba chóir go mbeadh na treoirlínte craolta deartha chun an déantóir clár a shaoradh seachas a chúngú.

Agus na forbairtí a aithint ar féidir coinne a bheith leo agus a dtugtar a n-éirim sna paragraif ina dhiaidh seo, an bhfuil na prionsabail thuas chun maireachtáil agus má tá, conas? Cén chuma a bheidh ar idéal chraoladh seirbhíse poiblí sa 21ú haois? Is í an fhadhb atá ann, b'fhéidir, ná bogadh ó idé an "leas poiblí" i gcoitinne go dtí léiriú na hidé sin i dtéarmaí réaltachtaí craolacháin.

4.5 I gcaitheamh na 10 go 15 bliana tá laghdú mór tagtha ar na srianta teicneolaíochta ar sholáthar seirbhísí raidió agus teilifíse. Tá an cumas cruthaithe ag na córais saitilíte, cábla agus MMDS líon mór seirbhísí a sheachadadh go dtí ár n-áiteanna cónaí, cuid mhaith acu a shíolraíonn ó lasmuigh d'Éirinn agus atá náisiúnta nó trasnáisiúnta sna hábhair a chlúdaíonn siad. Tá an teicneolaíocht nua ag cur ar chumas oibreoirí na gcóras cábla líon méadaithe seirbhísí teilifíse (suas go 500 amach anseo) agus seirbhísí nuála a thairiscint. Is iad na príomh-theicneolaíochtaí a bhfuil siad seo indéanta mar thoradh orthu ná inseoltacht, idirghníomhaíocht, comhbhrú digiteach agus prótacail nua córais. Cheana féin in Éirinn, tig le teaghlaigh atá sásta infheistíocht a dhéanamh sa trealamh glactha rochtain a bheith acu ar os cionn 20 cainéal teilifíse agus líon cainéal raidió atá ag méadú. Faoi bhun 15 bliana ó shin ní raibh ar fáil ach 5 chainéal teilifíse agus gan sin ach i gcodanna den tír amháin agus bhí siad seo go léir ar an múnla "seirbhíse poiblí". Bhí na seirbhísí craolta a d'fhéadfaí a fháil ón iasacht faoi réir rialú daingean reachtúil den sórt céanna a bhí i bhfeidhm ar chraoltóirí anseo.

4.6   Tá an luas athraithe ag géarú. Tá roinnt mórfhorbairtí sa tsiúl:-

■ **Teilifís ardghéire/scáileáin leathain.** Is féidir go mbeidh
craoltóirí in ann pictiúir ar chaighdeán feabhsaithe a thairiscint go
luath ag baint úsáid as teicneolaíocht teilifíse ardghéire nó scáileáin
leathain.

■ **Teilifís dhigiteach.** Tá obair chomhthreomhar ar siúl chun an
cumas a fhorbairt chun comharthaí teilifíse a chomhbhrú.
D'fhéadfadh tarchur digiteach méadú drámata a chur le líon agus
caighdeán teicniúil na seirbhísí atá ar fáil ag an lucht féachana. Mar
shampla, d'fhéadfadh an speictream atá ar fáil d'Éirinn faoi láthair sa
bhanda UHF le haghaidh craolta a dtig leis soláthar a dhéanamh do
cheithre chainéal talmhaí áit a chur ar fáil do cheithre sheirbhís
dhigiteacha HDTV nó i bhfad níos mó seirbhísí digiteacha teilifíse
ar chaighdeán atá inchurtha leis na seirbhísí atá anois ann.
D'fhéadfadh úsáid teicníochtaí den tsamhail chéanna i gcraoladh
teilifíse satailíte an acmhainn sa réimse seo a mhéadú chomh maith.

■ **Closchraoladh Digiteach.** Tairgeann an fhorbairt seo an dóchas
úsáid i bhfad níos éifeachtaí a bheith ann den spreictream
minicíochtaí raidió. D'fhéadfaí áit a bheith ann le haghaidh suas go
sé sheirbhís steiréafónach raidió náisiúnta nó réigiúnda sa
bhanda-leithead a theastaíonn d'aon sheirbhís amháin dá leithéid
inniu. Tairgeann closchraoladh trí bhealach na satailítí deis fuaim
chraolta ardchaighdeáin idirnáisiúnta.

4.7   Níl sa teilifís ach ceann amháin de na "seirbhísí eolais" a mbeidh
éifeacht ag an teicneolaíocht nua dhigiteach orthu. Is dócha go
bhfuilimid inár seasamh ar tháirseach réabhlóide nua sa chumarsáid ina
dtabharfaidh an teicneolaíocht dhigiteach an cumas aistriú go dtí líonraí
domhanda eolais ina mbeidh gach sórt eolais - cibé acu i bhfoirm
pictiúr gluaiseachta nó stadach, i bhfoirm fuaime, téacs nó sonraí -
ar fáil go forleathan ar bhealach solúbtha. Beidh an poiteinseal ag treá
leathan na teilifíse digití luas a chur leis an réabhlóid i dtreo Líonraí
Comhtháite Cumarsáide Leathanbhanda amach anseo. Is féidir go
dtabharfaidh cur i bhfeidhm cuí-cheaptha na teilifíse digití idiroibriú
éasca idir teirmineáil teileafóin, stáisiúin oibre ilmheán, ríomhairí
pearsanta agus teirmineáil eile eolais, a dtiocfaidh rochtain éasca agus
solúbtha chuig réimse leathan seirbhísí eolais as.

4.8 Cuireann cáblaí snáthoptacha toilleadh, atá neamhtheoranta geall leis, ar fáil chun gach sórt seirbhíse cumarsáide a sheachadadh. Cé go bhfuil roinnt fadhbanna atá fós le réiteach i leith ceangail snáithíneacha a sholáthar don bhaile, ní féidir aon amhras a bheith ann ach go dtreascrófar na fadhbanna seo. Is léir freisin ón dul chun cinn teicneolaíochta go leanfaidh ábharthacht na sreinge copair, a thug freastal maith don teileachumarsáid ar feadh na mblianta, i ré seo na n-athruithe agus na forbartha gasta.

Is é atá soiléir ná go n-éireoidh an t-idirdhealú idir teileachumarsáid agus craoladh níos deacra a fhionnadh, do lucht féachana agus lucht éisteachta.

4.9 Tabharfaidh na forbairtí a bhfuil coinne leo, mar sin, an poiteinseal do lucht féachana agus éisteachta éagsúlacht iontach rogha agus beagnach smacht iomlán ar a gcuid amhairc agus éisteachta a bheith acu. Roghnóidh daoine ó roghchlár seirbhísí craolta, ag piocadh amach na gclár a thaitníonn leo, á gcraoladh ag amanna a fheileann dóibh, in áit fanacht dílis do chraoltóirí ar leith. Ní bheidh an iomarca imní orthu cé as a tháinig na seirbhísí seo nó an thar línte teileafóin, thar cháblaí nó thar an aer a thagann siad.

4.10 Cé go mbeadh sé míréasúnta a éileamh go dtarlódh pléascadh i soláthar seirbhísí craolta atá bunaithe in Éirinn mar thoradh ar na forbairtí teicneolaíochta a bhfuil coinne leo, níl aon amhras ann nach mbeidh Éire cumhdaithe ón bpléascadh i soláthar seirbhísí a tharlóidh lasmuigh d'Éirinn, go mór mór iad siúd a bheidh á dtarchur trí shatailít. Tá impleachtaí ag na forbairtí seo do leibhéil lucht féachána na seirbhísí atá bunaithe in Éirinn agus a dtarraingteacht do na meáin fhógraíochta. Tá impleachtaí ag na forbairtí seo do lucht pleanála agus rialaithe clár in Éirinn chomh maith.

4.11 Mura mbeidh aon srian praiticiúil ann níos mó ar an toilleadh craolta, cé na himpleachtaí a bheidh aige seo d'ábhar na seirbhísí craolta? Tá na himpleachtaí d'ábhar clár atá ag an bhféidearthacht go mbeadh toilleadh neamhtheoranta tarchurtha ann tábhachtach. Tá rud amháin cinnte, beidh formhór na seirbhísí nua ina ngníomhaíochtaí tráchtála. Dá réir sin is é a bheidh mar phríomhchuspóir ag na seirbhísí seo ná brabús a dhéanamh. Is ó fhógraíocht agus ó shíntiúis a thiocfaidh a gcistiú. Tá daoine ann a chreideann gurb é an síntiús dáiríre a bheidh mar phríomhfhoinse cistithe ag na seirbhísí nua seo.

4.12 Baineann téama eile díospóireachta atá tagtha chun cinn i go leor pléite ar ról sóisialta na meán cumarsáide leis an gcaighdeán ginearálta a ghabhann le tuairisciú nuachta agus le hanailísiú nuacht an lae. Bíonn an gnáthshaoránach ag brath ar na meáin chumarsáide agus go mór mór ar na meáin chraolta chun teacht ar bhreitheanna agus roghanna a bhfuil bunús faisnéise leo. Faoin reachtaíocht tá dualgas ar na craoltóirí an nuacht a thuairisciú ar bhealach oibiachtúil agus neamhchlaonta agus a chinntiú, agus cúrsaí reatha á bplé sna craolta, go dtugann siad cothrom na féinne do na leasa go léir atá i gceist. Cuirtear éadroime agus gáifeachas i leith na nuachtán go minic chomh maith le faillí agus míchruinneas, falsú agus bréaga. Thug an craoladh, agus é faoi mhionscrúdú poiblí, geallúint i ndáil le caighdeáin níos airde iriseoireachta. Chaithfeadh go n-éireodh imní faoi gháifeachas, faoi chraoladh ráflaí gan chruthú ar mhaithe le bheith i dtosach leis an scéal agus mar thoradh, caighdeán níos ísle faisnéise i gcoitinne. Is cosúil nach bhfuil iriseoirí idirnáisiúnta an ré nua sásta moill a dhéanamh go fiú don dráma staire is nua ar fad, ach imeacht nua uathu le haghaidh gach timthriall nuachta.

Ní mór comhartha ceiste a chur leis an gcleachtadh reatha nuacht lom a mheascadh le plé agus anailís láithreach. An éascaíonn sé seo teacht saoránaigh ar bhreithiúnais agus roghanna atá bunaithe ar eolas nó an bhfuil an lámh in uachtar ag plé agus anailís áititheach ar thuairisciú díreach nuachta?

Baineann an t-imní a luaitear i gCaibidil 3 faoi chreimeadh an réimse phoiblí le hábhar sa chomhthéacs seo go háirithe. Tá contúirt ann go ngalróidh stíl chur i láthair nuachta na dtablóidí caighdeáin an raidió agus na teilifíse araon. Tá sé ráite ag roinnt go bhfuil claonadh ag an teilifís, ó nádúr, éadromú a dhéanamh ar phlé poiblí. Tá craoltóirí ag iomaíocht anois le haghaidh scair an lucht féachana trí tuilleadh béime a leagan ar luachanna siamsaíochta; mar thoradh air seo, tá caighdeán a bhfuil ann de nuacht lom i gcontúirt. Go pointe áirithe tá sé seo soiléir sa chleachtadh atá ann achoimrí nuachta a bheith ann go minic a bhfuil a dtarraingteacht don lucht féachana bunaithe ar an tuairim nach dtig leo a n-aird a dhíriú ar aon ábhar ar feadh i bhfad. D'fhéadfadh an rud a bhfuil tóir air, sa chás seo, a bheith ina namhaid ag leas an phobail, má mhilleann sé comhthéacs na nuachta nó na faisnéise atá á chraoladh.

4.13 Sna blianta atá romhainn tig linn coinne a bheith againn go bhfeicfimid deighilt de réir a chéile i lucht féachana na teilifíse de réir mar a bhíonn tuilleadh seirbhísí ar fáil de réir a chéile. Ar ndóigh, socróidh na seirbhísí craolta a bhfuil cistiú tráchtála acu na nithe dá dtabharfaidh siad tosaíocht a ndualgas de réir scairshealbhóirí. Is rialú éadrom a bheidh orthu má bhíonn aon rialú orthu in aon chor. Ní féidir a bheith ag dréim leis go gcloífidh na seirbhísí seo le caighdeáin seirbhíse poiblí an ama atá imithe. Is féidir a bheith ag dréim leis go gcraolfaidh siad cláir a mheallfaidh lucht féachana atá mór nó atá tarraingteach ó thaobh cúrsaí tráchtála. Beidh mar theorainn ar a gcuid infheistíochta an méid a dtabharfaidh an margadh tráchtála taca dó. Cé go soláthraíonn roinnt seirbhísí satailíte seirbhís ghinearálta siamsaíochta is féidir a bheith ag dréim leis go bhfreastalóidh a bhformhór amach anseo ar mhíreanna den mhargadh atá sainiúil ach brabúsach ar nós nuacht, spórt, scannáin, cartúin do pháistí etc.

4.14 I réimse rochtain na teilifíse satailíte ar chainéil talmhaí dáileacháin (cáblaí agus MMDS den chuid is mó), tá tábhacht le córas incriptithe chun go mbeidh inmharthanacht tráchtála ann. Gan athrú i dtimpeallacht an rialaithe, is féidir a bheith ag dréim le méadú i gcomhtháthú idir imdháileoirí (úinéirí líonraí cábla agus MMDS agus úinéirí cearta incriptithe) agus craoltóirí saitilíte, ag méadú cumhacht mhargaidh na dteaglamaí trasnáisiúnta le contúirt go mbeidh iarmhairtí troma ann do mharthanacht agus do tharraingteacht leanúnach na gcraoltóirí beaga náisiúnta seirbhíse poiblí.

4.15 Tharla cheana féin gur bunaíodh seirbhísí pornagrafacha teilifíse agus gur craoladh iad le satailít. Bheadh roinnt tíortha den tuairim go mbeadh aon iarracht craoladh na seirbhísí seo a chosc ina sárú ar chearta saoirse sibhialta a gcuid saoránach, go fiú nuair is féidir na seirbhísí seo a ghlacadh i bhfad lasmuigh dá dteorainneacha. Cé gur féidir a bheith ag dréim leis go n-incripteofar a leithéidí de sheirbhísí i gcoitinne nó go gcraolfar iad go déanach san oíche is fíor fós go dtig le lucht féachana, leis an trealamh glactha cuí, na seirbhísí seo a ghlacadh in Éirinn. Is féidir cosc a chur ar chraoladh a leithéidí de sheirbhísí ar chórais chábla agus MMDS ach tá sé geall le bheith neamhphraiticiúil iad a chosc ar fad.

B'fhéidir go mbeadh sé indéanta reachtaíocht a chur i bhfeidhm, ar an dul céanna is atá san Acht um Chraolacháin agus Raidió Thelegrafaíochta, 1988, i ndáil le stáisiúin chraolacháin mhídhleathacha, a chiallódh gur coir a bheadh ann trealamh chun fáil ar an gcainéal a sholáthar, fógraíocht a dhéanamh faoi nó sonraí faoina chuid clár a fhoilsiú. Tá cás os comhair Chúirt Dlí agus Cirt na hEorpa faoi láthair, áfach, a tógadh ag oibreoir cainéil den chineál sin i gcoinne na n-údarás rialacháin sa Ríocht Aontaithe, a chur bac i bhfeidhm faoin reachtaíocht chraolacháin atá acu.

4.16 Ardaíonn an cnámhscéal a dtugtar a éirim sna paragraif roimhe seo buncheist ról an chraolta seirbhíse poiblí. Dáiríre, ní mór dúinn fiafraí dínn féin an bhfuil ról aige i gcónaí. Tá athdhearbhú luachanna an chraolta seirbhíse poiblí i dtimpeallacht nua atá de shíor ag athrú ag baint le ceist láithreach an chraolta.

4.17 Rinne anailís le déanaí de chuid Aontas Craolta na hEorpa amach gurb iad na craoltóirí seirbhíse pobail an eilimint is tábhachtaí i dtírdhreach closamhairc na hEorpa fós, ainneoin an fháis mhóir sa chraoladh príobháideach tráchtála.

Mar sin féin, tugadh faoi deara san anailís, cé gur tháinig méadú 26% ar mhéid iomlán na táirgíochta idir 1988 agus 1992, go bhfuil cuid de na cláir is airde caighdeán ag imeacht ó na sceidil agus go bhfuil cláir de chineál níos simplí á gcur ina n-áit, rud a léiríonn na brúnna ar acmhainní tearca ar brúnna iad ar féidir a bheith ag súil go méadóidh siad.

Céard a d'fhéadfadh fulaingt sa timpeallacht nua iomaíoch seo dá ligfí do choincheap an chraolta seirbhíse pobail dul i léig? D'fhéadfaí go dtarlódh sé seo a leanas:

brúfar chun an imill na cláir dhoimhne agus neamhchlaonta nuachta agus cúrsaí reatha a theastaíonn chun taca a thabhairt do dhíospóireacht náisiúnta, má fhanann siad sna sceidil in aon chor,

brúfar chun an imill freisin cláir shainspéise do ghrúpaí mionlaigh nach meallann fógróirí nó imeoidh siad ó na sceidil, fulaingeoidh cláir thrialacha agus oideachais agus forbairt tallainn agus smaointe nua agus

imeoidh an taca d'fhorbairt agus cur i bhfriotal ár gcultúir náisiúnta féin agus na gcultúr níos leithne Eorpach.

4.18 Don todhchaí mar sin caithfear teacht ar chóimheá idir mian dlisteanach lucht déanta clár lucht mór féachana a shroicheadh atá tarraingteach d'fhógróirí agus cearta na saoránach go léir a bheith in ann teacht ar chláir atá taitneamhach dóibh ó thaobh dúile agus spéise ag amanna réasúnta agus de mhéid réasúnta. Ag féachaint don daonra seo againne ciallaíonn sé seo go gcaithfidh cláir a mheallann lucht féachana atá an-bheag de réir caighdeáin idirnáisiúnta ionad a bheith acu i sceidil na gclár raidió agus teilifíse. B'fhéidir nach mbeadh caoga míle teaghlach de lucht féachana an-tarraingteach d'fhógróirí ach mar sin féin is é sin cúig faoin gcéad de na teaghlaigh teilifíse.

Comparáid idirnáisiúnta de scair an chraolta seirbhíse den lucht féachana agus éisteachta - (1992 agus réamh-mheastachán 1996)

Tír	Scair % den lucht féachana gach lá ag craoltóirí seirbhíse poiblí		Scair % den lucht éisteachta gach lá ag craoltóirí seirbhíse poiblí	
	1992	1996	1992	1996
Éire	63%	60%	57%	60%
An Ríocht Aontaithe	44%	40%	61%	56%
An Fhrainc	38%	40%	20.6%	22%
An Ghearmáin	51.1%	51%	69.8%	70%
An Ostair	73%	60%	91%	80%
An Ísiltír	46.8%	42%	53%	42%
An tSualainn	71%	62%	73%	70%

Tagairt: Trends in European Public Service Broadcasting - an economic analysis.
Aontas Craolta na hEorpa.

4.19   <u>Roinnt ceisteanna a ardaítear le haghaidh díospóireachta
sa chaibidil seo:</u>

(a)   Céard is ábhar do chraoladh seirbhíse poiblí?

(b)   An bhfuil ról fós ag craoladh seirbhís poiblí i
dtimpeallacht theileachumarsáide atá ag athrú
chomh tapaidh sin?

(c)   Má tá, conas is féidir luachanna an tsamhail sin a
athdhearbhú?

(d)   An éascaíonn an nós imeachta craolacháin atá i
bhfeidhm faoi láthair don nuacht teacht saoránach
ar bhreithiúnais agus roghanna atá bunaithe ar eolas?

Caibidil a Cúig

5 Struchtúir Chraolta

Struchtúir Chraolta

5.1   Is mar a leanas atá na struchtúir atá ann faoi láthair.

Údarás RTÉ, a bunaíodh faoin Acht um Údarás Craolacháin, 1960, d'fhonn seirbhís náisiúnta teilifíse agus fuaimchraolta a sholáthar.

Ní thig leis an Údarás, atá páirtaimseartha, níos lú ná seachtar ná níos mó ná naonúr ball a bheith aige. Ní thig leis an téarma oifige a bheith níos faide ná cúig bliana, cé go bhfuil ball a dtagann deireadh lena théarma oifige incheaptha arís. Is féidir ball den Údarás a bhriseadh ar chúiseanna a luaitear má ritheann gach Teach den Oireachtas rúin, agus ar an gcoinníoll sin amháin.

D'fhan an struchtúr reachtach chun maoirseacht a dhéanamh ar na seirbhísí náisiúnta craolta gan athrú ó bunaíodh Údarás RTÉ. I dtús báire bhí an tÚdarás freagrach as seirbhís amháin raidió agus seirbhís amháin teilifíse. Ina chéad bhliain iomlán ag feidhmiú bhí an tÚdarás freagrach as 4,120 uair an chloig raidió (timpeall is 11 uair in aghaidh an lae) agus os cionn 2,000 uair an chloig teilifíse (timpeall is 43 uair in aghaidh na seachtaine) 45% díobh déanta sa bhaile. Sa lá atá inniu ann tá an tÚdarás freagrach as dhá sheirbhís náisiúnta teilifíse, ceithre sheirbhís náisiúnta raidió agus seirbhís áitiúil i gCorcaigh.

5.2   **An Coimisiún um Raidió agus Teilifís Neamhspleách (CRTN), a bunaíodh faoin Acht Raidió agus Teilifíse, 1988, d'fhonn conarthaí a dhéanamh le haghaidh soláthar seirbhísí craolta fuaime agus seirbhís teilifíse de bhreis ar na seirbhísí á soláthar ag RTÉ.**

Ní thig leis an gCoimisiún níos lú ná seachtar ná níos mó ná deichniúr ball a bheith aige. Ní thig leis an téarma oifige a bheith níos faide ná cúig bliana, cé go bhfuil ball a dtagann deireadh lena théarma oifige incheaptha arís. Is féidir ball den Choimisiún seo a bhriseadh as oifig ar an mbonn céanna le ball dÚdarás RTÉ.

Tá an Coimisiún freagrach i maoirseacht a dhéanamh ar fheidhmiú na 23 stáisiún áitiúla agus sainspéise agus pobail de réir treoirlínte reachtúla ar nós na gceann a bhaineann le RTÉ agus atá leagtha síos in Acht 1988.

5.3 **An Coimisiún um Ghearáin Chraolacháin, a bunaíodh faoin Acht um Údarás Craolacháin (Leasú), 1976, d'fhonn gearáin a iniúchadh, ar sáruithe líomhnaithe iad den chuid is mó ar dhualgais reachtúla i leith craoladh nuachta agus cúrsaí reatha a chuirtear i leith RTÉ agus an earnáil neamhspleách den chuid is mó.**

Tá íosbhallraíocht triúir ag an gCoimisiún, atá páirtaimseartha. Níl aon uasbhallraíocht ann. Ní thig leis an tréimhse oifige a bheith níos faide ná cúig bliana cé go bhfuil ball a dtagann deireadh lena théarma oifige incheaptha arís. Is féidir ball den Choimisiún a bhriseadh as oifig ar an mbonn céanna le ball d'Údarás RTÉ agus den CRTN.

Ní thig leis an gCoimisiún um Ghearáin Chraolacháin ach cinneadh a dhéanamh i dtaobh ar tharla sárú ar na dualgais reachtúla atá leagtha ar na craoltóirí dar leis. Foilsítear a chuid breithiúnas ach níl aon chumhachtaí disciplín ag an gCoimisiún.

An bhfuil na struchtúir seo sásúil agus an iad na struchtúir is éifeachtaí agus is cumasaí iad le haghaidh riachtanais an lae inniu agus chun freastal ar an gcraoladh isteach sa chéad chéad eile?

5.4 Éilíonn na hAchtanna um Údarás Chraolacháin agus an tAcht Raidió agus Teilifíse, 1988, go gcoinneoidh RTÉ agus na conraitheoirí craolacháin neamhspleácha cóimheá agus neamhchlaontacht ina gcuid clár gan a gcuid tuairimí féin ar aon ábhar (seachas polasaí craolta i gcás Údarás RTÉ) a léiriú. Murar féidir í a bhaint amach laistigh de chlár amháin ar leith, d'fhéadfaí teacht ar chóimheá i ndá chlár gaolta nó níos mó, ar choinníoll go gcraolfaí iad laistigh d'achar réasúnta.

5.5 Tá sé riachtanach do phrionsabail an daonlathais agus na saoirse cainte go léireoidh an craoladh speictream aigne an phobail; go ndéanfar iniúchadh géar ar cheisteanna an lae agus ar ghníomhartha an Rialtais. Is gnách go mbíonn Rialtas an lae faichilleach faoi imní nó lochtú i leith cláir a léiriú mar tuigtear é seo beagnach i gcónaí mar chur isteach polaitiúil ar neamhspleáchas reachtúil an Údaráis. Tá sé doshéanta nach bhfuil an gnáthphobal sásta cur suas le cur isteach polaitiúil nuair a tharlaíonn sé.

Mar sin féin tá neamhshocracht ann go dtig le lucht gairmiúil craolta, a bhfuil cumhacht mhór acu, an chumhacht sin a úsáid anois agus arís chun clár gníomhaíochta pearsanta dá gcuid féin a leagan amach, agus ar an gcaoi sin a gcuid tuairimí féin a chur chun cinn ina gcuid craolta. Ní mór an cheist a chur an bhfuiltear ag déanamh de réir mar atá i gceist sa reachtaíocht i leith clár, nó an bhfuil sé sin á shárú. Más "tá" an freagra ar an gceist seo, conas a thig le reachtaíocht aghaidh a thabhairt ar an imní seo agus an baol ann ag an am céanna go mbeidh na cláir marbhánta, sábháilte gan dúshlán?

5.6   Tharla sé freisin uaireanta go ndúradh go mb'fhéidir gur úsáid pearsanra clár RTÉ tonnta an aeir déanta na fírinne chun feachtas láidir a chur chun cinn ar son nó i gcoinne dearcadh nó cás ar leith, agus é i gceist acu aigne an phobail a spreagadh gan aird cheart ar dhearcadh freasúra. Gan amhras déarfadh an lucht clár atá i gceist nach ionann neamhchlaontacht agus neodracht Oilimpeach nó dealú ó na tuairimí bunúsacha morálta agus bunreachtúla ar a bhfuil saol an náisiúin bunaithe mar atá ráite ag an BBC. Agus na tuairimí thuas á lua ní mór cuimhneamh ar ráiteas an Federal Communications Commission ar thuairimíocht i gcur i láthair a rinneadh chomh fada ó shin le 1949 agus a dúirt:

> *"the standard of public interest is not so rigid that an honest mistake or error in judgement on the part of a licensee will be or should be condemned where his overall record demonstrates a reasonable effort to provide a balanced presentation of comment and opinion".*

Tá ról critice an chraolta riachtanach ach níor chóir é a mheascadh le dul ar fheachtas cúng ar cheist ar leith. Tá feidhm tuairisce ag baint le déanamh agus roghnú clár a dtig le coincheap an chóimheá baint leis ach tá feidhm fiosraithe agus foilsithe aige chomh maith ar lárfheidhm riachtanach í do sheirbhís náisiúnta craolta cé nach nglacann sé coincheap an chóimheá leis an gcompord céanna. Ní mór don chóimheá a bheith taobh le taobh le feidhm fhuinniúil critice.

5.7   Ó bunaíodh é, d'fheidhmigh Údarás RTÉ

(i)   mar chaomhnóir leas an phobail i leith na seirbhísí náisiúnta craolta ag an am,

(ii)   mar chumadóir polasaí i leith an chraolta atá laistigh de na
teorainneacha atá leagtha síos sa reachtaíocht agus

(iii)   mar rialaitheoir ar na seirbhísí seo.

An bhfuil na rólanna seo tánaisteach anois? Sa timpeallacht chraolta atá
ann anois, an bhfuil brú ar an Údarás faoina ról reachtúil eile chun
feidhmiú go rathúil mar chomhlacht tráchtála leathstáit agus chun
neamhspleáchas na gcraoltóirí iad féin a chosaint?

An gceapann an tÚdarás go bhfuil freagracht air coimeád i dteagmháil
lena lucht féachana chun a chinntiú go léiríonn cláir agus
gníomhaíochtaí eile RTÉ riachtanais agus leasanna an phobail ar
bunaíodh é chun freastal orthu. Bíonn lochtú ann ó am go ham go
bhfuil an tÚdarás dírithe go príomha ar a lucht féachana i mBaile Átha
Cliath. An bhfuil cúis ann in aon chóras reachtaithe soláthar ar leith a
dhéanamh le haghaidh ionadaíocht réigiúnda ar an Údarás? Nó, de
rogha air sin, an bhfuil cúis ann Coistí Comhairleacha Régiúnda a
bhunú le reachtaíocht chun comhairle a thabhairt don Údarás ina leith
seo?

B'fhéidir go bhfuil cúis ann sainordú polasaí níos soiléire a thabhairt
don Údarás agus na rólanna "caomhnóir leas an phobail" agus
"rialaitheoir" a scaradh ó fheidhmeanna agus ó fhreagrachtaí an Údaráis
ó lá go lá. Pléitear an fhéidearthacht sin i bparagraif 5.8 go 5.10 thíos.

5.8   **An Timpeallacht Táirgíochta.** Gníomhaíochtaí is ea tionscnamh,
bainistíocht agus táirgeadh clár teilifíse agus raidió a dteastaíonn
cruthaitheacht, fuinneamh agus leibhéal ard scileanna eagraíochta
dóibh. Tarlaíonn na gníomhaíochtaí seo i gcomhthéacs atá
an-iomaíoch in Éirinn, go mór mór i gcás na teilifíse, ó tá rochtain ag
an gcuid is mó de lucht féachana poiteinsil na gclár Éireannach ar
cheithre chainéal talmhaí sa Ríocht Aontaithe, gan trácht ar an iomad
cainéal satailíte atá ar fáil anois.

Mar eagras Stát-tionscanta, níl RTÉ saor ón naimhdeas a díríodh ar an
earnáil phoiblí le deich mbliana anuas. B'éigean do RTÉ mar thoradh
air seo critéirí tráchtála a chur lena ghníomhaíochtaí agus ní gá gurb iad
seo na bealaí is feiliúnaí chun caighdeáin chlár a thomhas. Tá sásamh
glacadh le priacal na teipe agus leis an lochtú dá bharr intuigthe i
ndíograis chun smaointe nua i leith leagain amach agus ábhar clár.

Teastaíonn infheistíocht, taca agus spás le forbairt ó thallann nua.
Má tá na hacmhainní i ngreim i gcláir lársrutha de chineál a leanann
foirmlí, ní bheidh sé indéanta dul chun cinn a dhéanamh. Is féidir go
bhfuil dearcadh anois ann gur sciob brúnna tráchtála, ceangailte le
hiarmhairtí roinnt ceisteanna caidrimh tionscail, mothú cruthaíochta ó
phearsanra táirgíochta agus gur ghlac go leor acu chucu féin bealach
cúramach agus intuartha i leith a gcuid oibre.

Tá sé riachtanach go gcuirtear mothú fuinniúlachta agus
cruthaitheachta i bpróiseas déanta na gclár teilifíse in Éirinn. Níl
sé seo neamhfhreagrach do straitéis tráchtála atá dearfach seachas
cosantach. Aimseoidh táirgí nua teilifíse margaí thar sáile, ach is
beag poiteinsil margaidh atá ag cláir nach ndéanann ach aithris a
dhéanamh ar mhúnlaí ar rinneadh iad a thriail agus a phromhadh ar
lucht féachana Éireannach.

Ní bheadh sé cuí ná inghlactha dá ndéanfadh polasaí poiblí ionradh ar
an bpróiseas déanta clár. Ach tá struchtúir riaracháin a mhaolaíonn
tabhairt chun críche phoiteinseal na ndéantóirí clár inghlactha freisin. I
ndeireadh thiar is iad caighdeán agus raon na gclár a dhéantar in Éirinn
agus an míniú atá acu don lucht féachana agus éisteachta anseo an
phríomhchosaint atá ann do chothú seirbhíse dúchasaí craolta. Bheadh
sé ina gcion tábhachtach don díospóireacht a bhfuiltear ag súil go
spreagfaidh an Páipéar Glas seo í dá mbeadh moltaí le déanamh acu
siúd is mó atá bainteach, na déantóirí clár, i leith na struchtúr riaracháin
a gcaithfidh siad bheith ag obair laistigh díobh, agus éifeacht na
struchtúr sin ar an gcruthaitheacht.

5.9   I gcás tíre ar mhéid na tíre seo againne ní mór an cheist a chur an
bhfuil sé riachtanach dhá chomhlacht reachtúil a bheith ag rialú na
hearnála craolta. Níl aon amhras ann gur sholáthar an CRTN, go
díreach i ndiaidh achtú an Achta Raidió agus Teilifíse, 1988, agus an
Achta Craolacháin agus Raidió Theileagrafaíochta, 1988, a chuir
deireadh le fadhb an chraolta mhídhleathaigh, seirbhís riachtanach i
líonadh gasta bearna a cruthaíodh le himeacht na gcraoltóirí
mídhleathacha. D'fhéadfaí a bheith ag súil anois go mbeadh forbairt
agus neartú na hearnála neamhspleáiche mar phríomhbhéim an
Choimisiúin, agus é á aithint go maireann an chumhacht reachtúil
chun cabhrú le bunú seirbhíse náisiúnta neamhspleáiche raidió agus
seirbhíse náisiúnta

neamhspleáiche teilifíse. Is í an cheist a bheadh le cur ag an bpointe seo ná an bhféadfaí feidhmeanna an Choimisiúin a chur i gcrích ar bhealach níos éifeachtaí.

5.10 B'fhéidir go bhfuil cúis ann a rá gur cheart feidhmeanna polasaí agus rialaithe Údarás RTÉ agus an CRTN a chumasc mar aon "Forúdarás" amháin a ghabhfadh an fhreagracht don pholasaí craolta trí chéile, forbairt na seirbhísí i gcoitinne, faoi réir bainistiú mhinicíochtaí speictrim agus ceadúnú teicniúil, agus rialú na gcraoltóirí. Bheadh a leithéid de chomhlacht cumaiscthe - nó "Forúdarás" - in ann féachaint ar chúrsaí i gcoitinne agus éilimh RTÉ ar thaobh amháin a mheá i gcoinne riachtanais agus éilimh na hearnála neamhspleáiche ar an taobh eile. Dhíbreodh sé an staid mhíshásúil atá anois ann nuair a bhíonn ar an Aire breithiúnas a dhéanamh anois agus arís idir riachtanais agus éilimh atá ag teacht salach ar a chéile. Mar thoradh ar a leithéid de struchtúr freisin bheadh níos mó brí ag na moltaí i leith ionadaíocht réigiúnda i bparagraf 5.7.

5.11 Is é tríú crann taca an rialaithe craolta ná an Coimisiún um Ghearáin Chraolacháin. Mar a dúradh cheana féin tá an chumhacht ag an gcomhlacht reachtúil seo sáruithe líomhnaithe ar dhualgais reachtúla atá ar iniúchadh agus cinneadh a dhéanamh ar tharla a leithéidí de sháruithe dar leis. Cé go bhfoilsítear breithiúnais an Choimisiúin, níl aon chumhachtaí smachtaithe ag an gCoimisiún, ar nós fíneálacha a ghearradh ar chraoltóirí ciontacha. Dá dtabharfaí isteach an coincheap "Forúdarás", mar atá luaite thuas, tá cúis ann go teoiriciúil go nglacfadh an "Forúdarás" seo chuige féin cumhachtaí agus feidhmeanna an Choimisiúin um Ghearáin faoi Chraolacháin. Ós rud é, áfach, gur chinnte go bhfásfadh caidreamh dlúth idir a leithéid d'Údarás nua agus na craoltóirí b'fhéidir gurbh fhearr an leagan amach atá anois ann a choimeád, i dtreo go bhfeicfí go raibh an comhlacht ar a bhfuil an dualgas gearáin i gcoinne craoltóirí a iniúchadh neamhspleách go hiomlán.

5.12 Ceist nach mór aghaidh a thabhairt uirthi is ea an gá cumhachtaí smachtaithe reachtúla a thabhairt don Choimisiún. Cé nár tharla sé ach i gcuid bheag cásanna go ndearna an Coimisiún breithiúnas i gcoinne na gcraoltóirí b'fhéidir go mbeadh dearcadh ag an bpobal nach nglacfadh na craoltóirí go dáiríre le breithiúnais an Choimisiúin d'uireasa aon ghnáthamh smachtaithe. Agus an scéal seo mar atá, b'fhéidir mar sin go mbeadh cúis ann cur ar chumas an Choimisiúin, go reachtúil, beart smachtaithe a dhéanamh i gcoinne craoltóra chiontaigh le fíneálacha nó ar bhealach eile. Ós rud é go bhfuil freagracht ag RTÉ agus ag na conraitheoirí craolta neamhspleácha in ábhar na gclár is ar an gcraoltóir seachas ar an déantóir cláir ba cheart aon fhíneálacha a ghearradh cé nach gcrosfadh sé seo gníomhú inmheánach ar an gcraoltóir de réir gnáthamh aontaithe smachtaithe.

5.13   Faoi láthair tá cumhachtaí an Choimisiúin teoranta do sháruithe a deirtear a tharlaíonn i leith na riachtanas oibiachtúlachta agus cothroime sna cláir nuachta agus chúrsaí reatha, an coinníoll gan aon ábhar a chraoladh a d'fhéadfaí le réasún a cheapadh go gcothódh sé nó go spreagfadh sé coireanna nó go bhfuil an claonadh ann an bonn a bhaint d'údarás an Stáit, an coinníoll gan dul thar teorainn ar phríobháideachas duine aonair go míréasúnta, an coinníoll feidhmiú de réir téarmaí aon ordú a bhfuil feidhm aige faoi Alt 31 (1) de na hAchtanna um Údarás Craolacháin, agus aon sáruithe líomhnaithe ar na cóid atá ann i leith caighdeán agus cleachtais i bhfógraíocht chraolta. Ba chosúil go bhfuil téarmaí tagartha an Choimisiúin sásúil ach chuirfí aon tuairimí faoin gceist seo san áireamh.

5.14   <u>**Roinnt ceisteanna a ardaítear le haghaidh díospóireachta
sa chaibidil seo:**</u>

(a)   **An bhfuil na struchtúir chraolta atá ann faoi láthair
dóthaineach?**

(b)   **An bhfuil cás ann d'údarás a bheadh dírithe go hiomlán
ar fhorbairt agus cur i bhfeidhm polasaí craolta, rud a
d'fhágfadh na craoltóirí le bheith ag craoladh laistigh
de cibé srianta polasaí a leagfaí síos?**

(c)   **Ar chóir go mbeadh an fheidhm tharchuradóireachta
mar ghníomhaíocht thráchtála ag freastal ar riachtanais
na gcraoltóirí uile?**

(d)   **An bhfuil RTÉ dírithe an iomarca ar Bhaile Átha Cliath?**

(e)   An bhfuil na dualgais reachtúla maidir le cóimheá agus oibiachtiúlacht á mbaint amach?

(f)   An bhfuil an timpeallacht riaracháin, ina bhfuil na seirbhísí náisiúnta craolta agus na déantóirí clár ag feidhmiú, ag tacú le cur chuige atá fuinniúil agus cruthaitheach?

(g)   Ar chóir go mbeadh cumhachtaí disciplín ag an gCoimisiún um Ghearáin Chraolacháin agus an bhfuil téarmaí tagartha leathan go leor aige?

Eagrú Sheirbhísí Craolacháin RTÉ

Eagrú Sheirbhísí Craolacháin RTÉ

6.1   Stiúiríonn RTÉ dhá sheirbhís náisiúnta teilifíse, ceithre sheirbhís
náisiúnta raidió, agus Raidió na Gaeltachta ag roinnt líonra
ardmhinicíochta le FM3 Music agus le Raidió Áitiúil Chorcaí. Tá a
chuid áiseanna táirgíochta suite i mBaile Átha Cliath den chuid is mó,
cé go bhfuil líonra stiúideonna réigiúnda aige agus go gcinntíonn a
chuid áiseanna craolta amuigh go bhfuil ar a chumas gach
mórghníomhaíocht, is cuma cá dtarlaíonn sé, a chlúdach don phobal
ar bunaíodh é chun freastal air.

6.2   **An Teilifís.** Rinneadh measúnú ar fheiliúnacht dhá sheirbhís teilifíse a
bheith faoi bhainistíocht aon chraoltóra amháin i gcomhthéacs an
mhachnaimh ar conas a d'fhéadfaí Teilifís na Gaeilge a bhunú.
Rinneadh amach go bhfuil seirbhís dhá chainéal, atá comhlántach ina
chuid polasaithe clár, riachtanach chun go gcomhlíonfaí téarmaí
tagartha na seirbhíse poiblí sa timpeallacht reatha agus intuartha a
gcaithfidh RTÉ feidhmiú inti. D'éagmais an dara chainéal ní bheadh
RTÉ in inmhe raon leathan clár a sholáthar ag freastal ar spéiseanna
coitianta agus mionlach de réir na ndualgas reachtúla atá leagtha ar an
Údarás. Dá réir sin, níl sé i gceist Network 2 a phríobháidiú nó rialú an
dá chainéal a dheighilt ó chéile ar aon bhealach.

Tá idirdhealú ann, áfach, idir rialú riarthach agus iomaíocht
eagarthóireachta. Is dócha go bhfuil gá le meicníochtaí an rialaithe
eagarthóireachta agus na hiomaíochta clár agus ba cheart go léireofaí
iad sna struchtúir riaracháin. Ba chóir go mbeadh uasmhéadú an deis
éagsúlachta i stíl na gclár, agus ní áisiúlacht sceidealta amháin, mar
phríomhchuspóir straitéis dhá chainéal. Is féidir go soláthróidh córas
reachtúil chun clár ó tháirgeoirí neamhspleácha a choimisiúnú
(c.f. mír 6.9.) féidearthachtaí do theacht chun cinn gnéithe nua sna cláir
do Network 2.

6.3   Agus an comhchruinniú acmhainní craolta i mBaile Átha Cliath atá ann
faoi láthair, áfach, ba chóir go ndéanfaí breithniú ar an bhféidearthacht
san fhad-téarma go lonnófaí ceann de na cainéil agus an bhunáit
táirgíochta atá gaolmhar leis lasmuigh de Bhaile Átha Cliath. Faoi
láthair tá áiseanna táirgíochta RTÉ 1 agus Network 2 comhtháite agus
bheadh sé riachtanach áiseanna táirgíochta teilifíse a lonnú lasmuigh de
Bhaile Átha Cliath chun a leithéid de mholadh a chur i bhfeidhm.
D'fhéadfaí glacadh leis seo mar mhalairt ar mhór-athchóiriú na
n-áiseanna táirgeachta i mBaile Átha Cliath agus d'fhéadfaí leathnú na

stiúideonna réigiúnda a chur san áireamh ann. Dá scaoilfí toilleadh spártha mar thoradh air seo, b'fhéidir go bhféadfaí é seo a úsáid ar bhonn tráchtála mar ghné chomtháite le haghaidh coimisiúnú táirgthe neamhspleáiche

6.4 **Raidió.** Pléifear go leithleach le staid Raidió na Gaeltachta i gCaibidil 10.

6.5 Chreid an Coimisiún Teilifíse a thuairiscigh i 1959 gur chóir, ar bhonn prionsabail, go mbeadh an craoladh in Éirinn, cibé acu i bhfoirm raidió nó teilifíse, faoi rialú aon Údaráis chraolta amháin. Níor ghlac Rialtas an lae, áfach, leis an dearcadh a léirigh an Coimisiún gur rud ní amháin inmhianaithe, ach riachtanach, é go mbeadh teilifís agus raidió na hÉireann á rialú ag comhlachtaí éagsúla agus neamhspleácha agus bunaíodh Údarás reachtúil amháin do raidió agus teilifís araon. Sa suíomh reatha agus sa todhchaí intuartha beidh an craoladh teilifíse, go mór mór in Éirinn, faoi réir ag iomaíocht gan réamhshampla. D'fhéadfadh sé tarlú go mbeadh claonadh níos mó ag comhlacht a bhfuil cúram na teilifíse agus an raidió araon aige díriú ar an teilifís chun a chinntiú go mairfidh a ábharthacht do lucht féachana na hÉireann ach an raidió a bheith thíos leis. Ar an taobh eile, ní féidir aon amhras a bheith ann go raibh rath ar an raidió faoi Údarás RTÉ agus gur fhorbair sé agus go bhfuil barainneachtaí an mhórscála ag baint leis an gcóras atá ann faoi láthair. Ag féachaint don scóip atá ag an bPáipéar Glas seo, ní mór an cheist a chur an bhfuil an chuid is fearr den bhuntáiste don raidió i gcaomhnú an chórais atá ann faoi láthair nó an fearr a chaithfí leis an raidió faoi chomhlacht ar leith, faoi réir an "Fhorúdaráis" atá á mholadh.

6.6 Is féidir a rá go bhfuil cás ann i leith 2FM gur féidir é a bhunú mar sheirbhís náisiúnta neamhspleách a fhaigheann a chistiú go hiomlán trí fhógraíocht. Ar an taobh eile léiríonn iomláine sheirbhísí raidió RTÉ cumasc cothrom, cé gur fíor gur trí shruthanna clár ar chainéil leithleacha é seo seachas trasna cainéal. B'fhéidir, mar sin féin, nach bhfuil na hargóintí ar son 2FM a choiméad laistigh de struchtúr RTÉ chomh láidir le caomhnú an dá sheirbhís teilifíse laistigh d'aon struchtúr amháin. Má tá 2FM le leanúint laistigh den aon struchtúr amháin, cé na bearta a chinnteoidh nach mbeidh aon bhuntáistí aige mar thoradh ar thras-fhóirdheonú? Ar ndóigh, bheadh impleachtaí ag bunú 2FM mar stáisiún neamhspleách d'inmharthanacht tráchtála na hearnála áitúla raidió, agus don earnáil phríobháideach dá nglacfadh sé an rogha reachtúil atá in Acht 1988 seirbhís náisiúnta neamhspleách a bhunú.

6.7   Raidió Áitiúil RTÉ. Tá Raidió Áitiúil Chorcaí ar marthain ó 1974 agus bhí sé ann ar feadh na mblianta sular bunaíodh córas reachtúil do sheirbhísí áitiúla neamhspleácha raidió. Is í an t-aon seirbhís áitiúil raidió a stiúiríonn RTÉ í agus faoi mar atá i láthair na huaire is dócha gur aimhrialtacht atá inti. Gineann an tseirbhís ioncam áitiúil fógraíochta agus d'fhéadfaí féachaint uirthi mar iomaitheoir fóirdheonaithe don stáisiún neamhspleách atá ag freastal ar Chorcaigh. Is í an cheist atá le cur mar sin ná an iomchuí do RTÉ leanúint le haon seirbhísí áitiúla le tacaíocht fógraíochta.

6.8   Na Grúpaí Oirfide. Tá grúpaí ceoil agus drámaíochta ina ngné thábhachtach den chraoladh in Éirinn ó bunaíodh an tseirbhís raidió i 1926. Ó thús íseal d'fhás na grúpaí ceoil go dtí na grúpaí lánaimseartha RTÉ seo a leanas:

**An Cheolfhoireann Shiansach Náisiúnta
An Cheolfhoireann Cheolchoirme
Ceathairéad RTÉ Vanburgh**

Chomh maith leo seo freastalaíonn na grúpaí seo a leanas ar na seirbhísí craolta ar bhonn páirtaimseartha:

**Cór Aireagail RTÉ
Cór RTÉ
Cór Fiolarmónach RTÉ**

Rinne na grúpaí oirfide, go mór mór na ceolfhoirne, cion suntasach do shaol ceoil an náisiúin a théann i bhfad níos faide ná a bpríomhról mar ghrúpaí craolta. Níor mhór machnamh a dhéanamh ar ionad na ngrúpaí seo má táthar le glacadh le coincheap an "Fhorúdaráis". D'fhéadfaí machnamh a dhéanamh ar roinnt roghanna. D'fhéadfaidís fanacht faoi fhreagracht an chraoltóra. Ar ndóigh is cosúil go dtuigfí ó ról na Ceolfhoirne Ceolchoirme, go mór mór, gur mar seo a bheadh an scéal i leith an ghrúpa sin ar a laghad. D'fhéadfaí mar dhara rogha gur ag an "bhForúdarás" féin a bheadh freagracht na ngrúpaí. Sheasfaí na costais as na glanfháltais ó na táillí ceadúnais agus chuirfeadh an

"Forúdarás" na grúpaí oirfide ar fáil don chraoltóir de réir mar a theastóidís. Is dócha go mbeadh sé oiriúnach a éileamh sa reachtaíocht go leanfaí le húsáid na ngrúpaí ag an gcraoltóir ag na leibhéil atá ann faoi láthair. D'fhéadfaí, mar thríú rogha, ceangal a bhunú leis an gComhairle Ealaíon, an comhlacht a bhfuil an cúram reachtúil aige na healaíona, an ceol san áireamh, a chur chun cinn, mar aitheantas ar chion na ngrúpaí do shaol ceoil an náisiúin i gcoitinne.

Nuair a bhreathnaítear gach taobh den scéal is cosúil go bhfuil fiúntas ann go leanfadh RTÉ mar mhórphatrún ar an gceol, ar an drámaíocht agus ar mhúnlaí eile ealaíne agus ar an gcaoi sin na healaíona beo agus oirfide a spreagadh chun leanúint faoi bhláth. Sa chomhthéacs sin bhunaigh an tAire Ealaíon, Cultúir agus Gaeltachta grúpa speisialta i Mí an Mheithimh 1994 d'fhonn athbhreithniú a dhéanamh ar na struchtúir reatha chun ceol clasaiceach agus comhaimseartha, agus ceol ceolfhoirneach ach go háirithe, a chur i láthair agus táthar ag súil go dtabharfaidh sé tuairisc agus an Páipéar Glas seo á fhoilsiú.

6.9 **Táirgeadh neamhspleách teilifíse.** Éilíonn Alt 4 den Acht um Údarás Craolacháin (Leasú), 1993, ar Údarás RTÉ, faoi réir roinnt coinníollacha, £6 mhilliún a chaitheamh i 1995 ar chláir theilifíse a choimisiúnú ón earnáil tháirgíochta neamhspleách. Tá an méid seo le hardú £12.5 milliún, nó 20% den chaiteachas ar chláir theilifíse sa bhliain airgeadais roimhe, cé acu is mó, faoin mbliain airgeadais 1999.

6.10 Go leithleach táthar tar éis Bord Scannán na hÉireann a athbhunú agus ceaptar go leithroinnfear suim shuntasach d'airgead na gCistí Struchtúracha ar an tionscal scannán le linn saoil an Phlean Náisiúnta.

6.11 Tá an earnáil neamhspleách á forbairt go leithleach mar sin chun táirgeadh don phictiúrlann agus don teilifís araon a ghiniúint. Ós rud é go bhfuil RTÉ agus an Bord Scannán araon ag glacadh páirt i gcistiú na dtionscadal agus na gcoimisiún indibhidiúla le linn dóibh a gcuid cuspóirí polasaí ar leith a chur i gcrích, tagann an cheist cén áit ba cheart go dtitfeadh cúram forbartha straitéisí na hearnála. Conas ba cheart gnéithe ar leith de dhéanamh na scannán a spreagadh? Conas ba cheart leanúnachas a chur chun cinn, i dtreo gur féidir le forbairt chomhtháite na hearnála tarlú? Conas a thig leis an taithí teilifíse do RTÉ agus do na comhlachtaí táirgthe neamhspleácha araon deiseanna fostaíochta i dtionscal na scannán a uasmhéadú? Ar cheart do na táirgeoirí neamhspleácha díriú ar an lucht féachana lársrutha ach an lucht féachana sainspéise níos lú a bheith thíos leis? An mbeadh buntáiste ag an earnáil i nascadh foirmeálta idir na foinsí cistithe? An éascódh nascadh foirmeálta iniúchadh ardchaighdeáin de shaothar na hearnála neamhspleáiche?

De réir mar a théann na pleananna do Theilifís na Gaeilge ar aghaidh mar atá beartaithe agus má bhunaítear seirbhís náisiúnta neamhspleách teilifíse faoi choimirce an Choimisiúin um Raidió agus Teilifís Neamhspleách, tiocfaidh méadú suntasach sa táirgeadh neamhspleách teilifíse le linn an chéad deich mbliana eile.

Chomh maith leis seo, ó 1993 i leith, spreag dreasachtaí cánach, go mór mór Alt 35, leibhéal gan réamhshampla táirgthe scannán lánfhada (15 cinn i 1994) agus sraitheanna drámaíochta teilifíse (9 gcinn i 1994) in Éirinn.

Léiríonn leathnú na hearnála neamhspleáiche i go leor réimsí go mb'fhéidir go mbeadh gá anois le féachaint leathan struchtúrtha ar an scéal chun an buntáiste is fearr a bhaint amach.

6.12 **Roinnt ceisteanna a ardaítear le haghaidh díospóireachta sa chaibidil seo:**

(a) **Mar chuspóir fad-téarmach, ar chóir na háiseanna táirgíochta atá riachtanach do Network 2 a lonnú lasmuigh de Bhaile Átha Cliath?**

(b) **Ar chóir go bhfeidhmeodh Network 2, trí mheán na hearnála neamhspleáiche do tháirgíocht clár, mar áis a éascódh bláthú do shaghasanna ailtéarnacha clár?**

(c) **Ar chóir go mbeadh baintistíocht agus forbairt na seirbhísí náisiúnta raidió de chuid RTÉ scartha amach ó bhainistíocht na seirbhísí náisiúnta teilifíse de chuid RTÉ?**

(d) Ar chóir go mbeadh baint ag RTÉ le seirbhísí raidió áitiúla a bheadh ag fáil tacaíochta ó fhógraíocht?

(e) Ar chóir go bhfanfadh 2FM mar chuid de struchtúr RTÉ nó an bhfuil cás ann chun é a scaradh amach mar ghníomhaíocht thráchtála leis féin?

(f) An bhfuil gá le féachaint leathan struchtúrtha ar an earnáil neamhspleách do tháirgíocht chlosamhairc i bhfianaise na gcéimeanna tacúla a tógadh le déanaí mar spreagadh don earnáil sin?

Caibidil a Seacht

Tarchur

Tarchur

7.1   Faoi láthair soláthraíonn, cothaíonn agus oibríonn RTÉ na líonraí tarchurtha le haghaidh a chuid seirbhísí. Soláthraíonn Telecom Éireann, i gcoitinne, an córas nasctha idir tarchuradóirí. I roinnt cásanna nuair is ann do bhonneagar feiliúnach de chuid RTÉ soláthraíonn RTÉ áiseanna tarchurtha le haghaidh craoltóirí neamhspleácha ar bhonn tráchtála. Tá an bonneagar tarchurtha le haghaidh seirbhíse neamhspleáiche náisiúnta raidió comhtháite cuid mhór i gcóras tarchurtha RTÉ. Tá údarás faighte ag gach oibreoir neamhspleách ón Roinn Iompair, Fuinnimh agus Cumarsáide nasc raidió a oibriú idir an stiúideo agus an tarchuradóir agus nasc raidió a úsáid le haghaidh craolta amuigh.

7.2   Tá an Rannóg laistigh de RTÉ atá freagrach as tarchur freagrach freisin, faoi mar a thuigtear, as áiseanna táirgthe raidió agus teilifíse a sholáthar. An mbeadh cóimheá an bhuntáiste trí chéile i scaradh amach fheidhm an tarchurtha ón bhfeidhm táirgthe clár agus i mbunú na gníomhaíochta tarchurtha mar ghníomhaíocht neamhspleách tráchtála, ag fágáil RTÉ saor ar an gcaoi sin chun díriú ar a lárghníomhaíocht, táirgeadh clár? Dá mbunófaí eagraíocht tráchtála chuige seo d'fhéadfadh sé a chuid seirbhísí a thairiscint ar bhonn tráchtála chomh maith don earnáil neamhspleách. Bheadh dhá rogha ann i ndáil leis an earnáil neamhspleách - d'fhéadfaí iad a fhágáil saor chun leanúint leis na socruithe atá acu faoi láthair dá mba mhian leo sin nó d'fhéadfaí éileamh orthu oibriú a gcuid tarchuradóirí a aistriú go dtí an eagraíocht nua. Is cosúil go mbeadh buntáistí ar leith ag na hoibreoirí neamhspleácha sa socrú féideartha seo. Ráthófaí seirbhís ardchaighdeáin dóibh agus ní bheadh orthu cúram a dhéanamh den taobh teicniúil den tarchur nó le cinntiú go bhfuil na tarchuradóirí an t-am ar fad de réir téarmaí an cheadúnais theicniúil. Bheadh an buntáiste breise ann don earnáil neamhspleách i gcoitinne dá mba ag eagraíocht leithleach a bheadh an tarchur go n-imeodh an cathú, ar pháirt conraitheoirí raidió áitiúil, a gcuid tarchuradóirí féin a oibriú lasmuigh de na teorainneacha ceadúnaithe atá leagtha síos d'fhonn éisteoirí a phóitseáil ó cheantracha craolacháin cóngaracha nó chun buntáiste iomaíoch a bhaint amach.

7.3   Is é an tAire Iompair, Fuinnimh agus Cumarsáide atá freagrach i gceadúnú seirbhísí cábla agus MMDS faoi na hAchtanna Raidio-Theileagrafaíochta, 1926 go 1988. Ach ní féidir foirmiú polasaí agus forbairt maidir le soláthar seirbhísí clár ar chórais cábla agus MMDS a bhreithniú beag beann ar shaincheisteanna polasaí craolacháin ginearálta. Tá limistéir ann a d'fhéadfadh na seirbhísí seo agus na craoltóirí teacht salach ar a chéile mar a léirigh iarrachtaí le déanaí a rinne na hoibreoirí cábla bheith bainteach i bhfógraíocht áitiúil. Tagann ceisteanna úinéireacht na mórleasanna meán agus pléitear iad i gCaibidil 16: tá an teilifís pobail (Caibidil 9) ag brath, b'fhéidir, ar na córais cábla/MMDS chun í a leathadh.

Cén ról, más ann dó, ba cheart a bheith ag "Forúdarás" nua maidir leis na saincheisteanna sin i leith an chábla agus MMDS? Agus an cheist seo á cur, ní mór polasaí ginearálta craolacháin ag an leibhéal náisiúnta agus ag leibhéal an AE a choimeád i gcuimhne. I ré ina bhfuil seirbhísí á gcomhtháthú, is féidir go mbainfí úsáid as córais cábla agus MMDS chun seirbhísí go mór sa bhreis ar sheirbhísí siamsaíochta theilifíse agus raidió a sheachadadh.

7.4   **Roinnt ceisteanna a ardaítear le haghaidh díospóireachta
sa chaibidil seo:**

      (a)   **Ar chóir go mbeadh tarchur mar ghníomhaíocht
thráchtála ar leith?**

      (b)   **Conas is féidir freastal go sásúil ar cheisteanna faoi
pholasaí craolacháin, a bhaineann le cábla agus MMDS,
i bhfianaise na scoilte ó thaobh freagrachta de atá ann
i láthair na huaire idir dhá Roinn Stáit?**

Caibidil a hOcht

An Táille Ceadúnais agus Foinsí Eile Ioncaim le haghaidh Craolta

An Táille Ceadúnais agus Foinsí Eile Ioncaim le haghaidh Craolta

8.1 Ó bunaíodh na seirbhísí craolta sa tír seo tá táille ceadúnais iníoctha acu siúd a bhfuil trealamh glactha acu is cuma an éisteann siad le nó an mbreathnaíonn siad ar sheirbhísí RTÉ nó nach ea. Is gné lárnach é an táille ceadúnais i gcoincheap an chraolta seirbhíse poiblí ina n-éilítear ar chách cion a dhéanamh in íoc as an gcostas an tseirbhís a sholáthar ainneoin nach n-éilíonn gach duine iomlán aschuir na seirbhíse.

8.2 Airgeadaítear RTÉ go príomha ón teacht isteach ón gceadúnas teilifíse agus ó fhógraíocht i dteannta lena chéile. Bíonn teacht isteach breise freisin ó ghníomhaíochtaí tráchtála eile. I 1994 tháinig £50.4m ón gceadúnas teilifíse, gan costais bhailiúcháin san áireamh, tháinig £71.44m ó fhógraíocht agus tháinig £18.12m ó ghníomhaíochtaí tráchtála eile. Dá bhrí sin, is teacht isteach iomlán de £139.96m a bhí ag RTÉ i 1994. Mhéadaigh fógraíocht mar scair de theacht isteach iomlán RTÉ ó 44% i 1986 go níos mó ná 51% i 1994.

Tá 21 stáisiún raidió neamhspleách ag feidhmiú ar bhonn tráchtála sa Stát, a fhaigheann a gcuid teacht isteach ó fhógraíocht agus ó urraíocht. Ghnóthaigh an earnáil raidió neamhspleách £18.1m san iomlán ó fhógraíocht i 1993, arna mhéadú ó £8m i 1990. Tháinig an méadú seo in ioncam fógraíochta ag am ina raibh titim siar ar fhógraíocht raidió i gcás RTÉ.

Feidhmíonn na stáisiúin raidió neamhspleách faoi chonradh leis an gCoimisiún um Raidió agus Teilifís Neamhspleách (CRTN). Faigheann an CRTN a chuid ioncaim ó tháille a ghearrtar ar an teacht isteach a bhíonn ag na stáisiúin raidió neamhspleácha.

8.3 Cuireadh deireadh leis an éileamh reachtúil do cheadúnas raidió i 1972 agus tugadh isteach ceadúnas nua le haghaidh teilifís daite i 1974. Íoctar na fáltais chomhlána ó dhíolachán na gceadúnas teilifíse isteach sa Státchiste. Íoctar fóirdheontas le RTÉ arb ionann é agus na fáltais lúide an costas bailiúcháin. Ní leagann an reachtaíocht a dhéanann soláthar d'íocaíocht an fhóirdheontais céard chuige a dtig le RTÉ na glanfháltais ó na táillí ceadúnais a úsáid. Breathnaítear air gur le haghaidh cuspóirí an chraolta i gcoitinne atá siad. Léiríonn an socrú seo an gnás Rialtais atá ann le fada fanacht fad rí ó fheidhmiú na seirbhíse craolta ó lá go chéile. I 1994 b'ionann an t-ioncam ó na táillí ceadúnais agus 41.3% den ioncam ó na táillí ceadúnais agus ón bhfógraíocht trí chéile an bhliain sin. Ba é an céatadán comhfhreagrach do 1988 ná 47%. Ba é an t-ioncam ó na táillí ceadúnais mar chéatadán d'ioncam iomlán RTÉ i 1994 ná 36%. Cé nach bhfuil aon fhianaise ann le rá gurb amhlaidh atá, an bhfuil baol ann, ós rud é go bhfuil RTÉ ag brath, dá oiread sin dá ioncam, ar fhoinsí tráchtála, an urraíocht san áireamh, go dtarraingeofaí amhras ar a ionracas eagarthóireachta? An bhfuil cás ann a rá gur cheart go mbeadh an t-ioncam ó cheadúnais mar 50% d'ioncam iomlán craolta RTÉ? Ar ndóigh, chun go n-oibreodh an foirmle seo agus mura bhfuil iallach le cur ar RTÉ gearradh siar ar a chuid gníomhaíochtaí caithfidh toilteanas intuigthe a bheith ag an Rialtas arduithe sna táillí ceadúnais a cheadú agus toilteanas a bheith ag an bpobal i gcoitinne é a íoc.

8.4 Níl sé dodhéanta, agus an fás sna seirbhísí trasnáisiúnta atá tuartha don todhchaí, go n-éireoidh sé níos deacra do sheirbhísí craolta Éireannacha fógraíocht agus foinsí eile ioncaim a fháil. Sa bhreis air seo tá roinnt leideanna ann go bhfuil roinnt mórchorparáidí ilnáisiúntacha ag athbhreithniú a ndíograis chun fógraíochta teilifíse san fhadtréimhse. Sa leagan amach seo, má táthar le seasamh leis an ngeallúint sa Chlár le haghaidh Rialtais Chomhpháirtíochta, ní mór go mbeidh aontú Rialtais ann le haghaidh ardaithe sa táille ceadúnais amach anseo chun a chinntiú go maireann ár gcraoltóirí saor ó bhrúnna tráchtála míchuí méad agus cion an lucht féachana a uasmhéadú agus nach n-éagann siad mar go mealltar an fhógraíocht agus foinsí eile ioncaim go háit eile. An iomchuí anois féin go socrófaí ceist ama agus méid ardaithe sa táille ceadúnais de réir toil Rialtas an lae amháin? Arbh fhearr dá gceapfaí foirmle anois a chinnteodh ardú bliantúil sa táille ceadúnais, bunaithe ar an mboilsciú ach le cosaintí a chuirfeadh brú ar an gcraoltóir srian a choimeád ar na costais agus luach airgid a sholáthar?

8.5 Má shíltear airgeadú na seirbhísí craolta trí tháille ceadúnais a bheith ina ghné bhunúsach a chuimsíonn coincheap an chraolta seirbhíse poiblí, an iomchuí tabhairt faoi a shonrú conas mar atá an t-ioncam ó na táillí sin le caitheamh? Tá an earnáil chraolta neamhspleách tar éis an moladh a chur ar aghaidh, ós rud é go gcreideann siad gurb ionann cuid de na dualgais reachtúla atá leagtha orthu agus craoladh seirbhíse poiblí, gur chóir go mbeidís i dteideal scair den ioncam ó na táillí ceadúnais. Is dócha go bhfuil sé ró-shimplí a rá gur chóir an t-ioncam ó na táillí ceadúnais a úsáid chun déanamh clár, nach féidir, leo féin, iad a chothú trí ioncam a ghiniúint trí fhógraíocht nó trí urraíocht

amháin, a chistiú. D'iompair RTÉ ualach dualgas ar leith seirbhíse
poiblí i leith na n-ealaíon oirfide nach féidir a chosaint ar bhonn
craoladh tráchtála amháin agus ar léir nach féidir iad a chistiú ach
amháin le hioncam ó tháillí ceadúnais nó foinsí eile Rialtais. Ar chóir
go leanfaí ag clúdach na ngníomhaíochtaí seo in aon sonrú ar an úsáid
dár chóir an t-ioncam ó na táillí ceadúnais a chur?

8.6   Tá sé ró-shimplí freisin a rá gur chóir go bhfaigheadh aicmí ar leith
craoltóirí nó gníomhaíochtaí craolta céatadán socruithe den ioncam.
Dá nglacfaí leis an rogha "Forúdarás" d'fhéadfaí cás a dhéanamh
fóirdheontas comhionann leis na glanfháltais ón táille ceadúnais a íoc
leis an gcomhlucht sin agus an fhreagracht a leagan air é a íoc amach
go dtí na craoltóirí go léir de réir critéirí soiléire a bheadh leagtha
amach sa reachtaíocht.

8.7   Má tá aon aicmí nua craoltóra nó gníomhaíochta craolta le cistiú ón
ioncam ó tháillí ceadúnais tá impleachtaí ag a leithéidí d'fhorbairtí do
réimse agus scóip ghníomhaíochtaí RTÉ ach amháin má tá ardú
cúiteach ina n-ioncam ó tháillí ceadúnais. Má tá ioncam ó na táillí
ceadúnais le dul le haghaidh soláthar clár san earnáil fhuaimchraolta
neamhspleách, ar chóir an smaoineamh a thabhairt san áireamh
ceadúnas ar leith raidió a thabhairt isteach i bhfoirm éigin a bheadh
inbhailithe go héasca e.g. ceadúnas raidió gluaisteáin a bhaileofaí mar
chuid den chóras cáin gluaisteán nó cáin a bheadh iníoctha ar
cheannach aon trealaimh a mbeadh glacadóir fuaimchraolta mar chuid
de - córas raidió/caiséad, válcaire, tiúnóir hi-fi FM, etc - a bhféadfaí na
glanfháltais uaidh a thabhairt le haghaidh an chraolta seirbhíse poiblí
san earnáil neamhspleách?

8.8   Tá cistiú ó dhá fhoinse ag an gcraoladh sa tír seo cheana féin trí tháillí
ceadúnais agus ioncam fógraíochta. Ní bheadh an saibhreas agus an
éagsúlacht seirbhísí craolta againn atá anois ann gan an fhógraíocht
mar fhoinse cistithe. Níl aon fhianaise ann gur tarraingíodh amhras go
dtí seo ar ionracas na gcraoltóirí mar gheall ar iad a bheith ag brath go
mór ar ioncam ó fhógraíocht. Is scáil í an fhógraíocht ar shláinte an
gheilleagair nó a mhalairt agus cé gur fhan sí ina foinse seasmhach
ioncaim chraolta i gcaitheamh na mblianta ní gá gur mar sin a bheidh
sé amach anseo, go mór mór leis an mbriseadh suas ar an lucht
féachana a tharlóidh toisc líon na gcainéal trasnáisiúnta satailíte a
bheith ag méadú. Creideann a lán tráchtairí gur déine, de réir a chéile,

a bheidh an iomaíocht i gcomhair fógraíochta ar mhodh craolacháin. Maidir leis an ngluaiseacht chuig incriptiú atá ar siúl ag líon áirithe cainéal tráchtála neamhphréimhe satailíte atá ag leanúint, i gcomhthráth, de bheith ag craoladh ábhar fógraíochta is ionann é, ar bhealach, agus cistiú déach agus ceapann roinnt daoine gur siomptóm é de na deacrachtaí a bhaineann le bunú lucht féachana sainiúil trasnáisiúnta sa timpeallacht seo atá an-iomaíoch cheana féin. Ina theannta sin, d'fhéadfadh gurb é a thiocfaidh as soláthar seirbhísí nua ar nos 'íoc mar a fhéachann' agus 'físeán ar éileamh' ná tuilleadh scaipeadh ar an lucht féachana agus sa tslí sin laghdófar cumas aon chraoltóra lucht féachana sainiúil a aimsiú do chláir áirithe a bheadh sách mór chun fógróirí a mhealladh.

8.9 Is léir gur suntasach an bonn a thugann ioncam fógraíochta anois do chraolacháin in Éirinn. Ní fhaigheann ach eagraíocht amháin, RTÉ, ioncam ón gceadúnas teilifíse. D'fhéadfaí íocaíocht an ghlan-ioncaim iomlán ón gceadúnas teilifíse le RTÉ a fhírinniú ar an mbunús go bhfuil sé riachtanach chun go gcomhlíonfadh RTÉ a ról mar chraoltóir seirbhíse poiblí gan brath an iomarca ar theacht isteach ó fhógraíocht. Mar sin féin, d'fhéadfadh forbairtí fad-téarmacha i ndáil le fógraíocht theilifíse i gcoitinne éifeacht shuntasach a imirt ar an ioncam a fhaigheann RTÉ ó fhógraíocht. Chomh maith leis sin, d'fhéadfadh forbairtí theicneolaíochta, a chabhróidh le bunú seirbhísí eile agus a phléitear in áit eile sa Pháipéar Glas, cur isteach ar chumas RTÉ chun ioncaim ó fhógraíocht a mhéadú, nó go deimhin é a choimeád ag an leibhéal ag a bhfuil sé.

D'fhéadfadh sé tarlú, mar sin, go mbeidh scóip teoranta ann chun cuid den teacht isteach ón gceadúnas teilifíse a úsáid d'fhonn airgeadú a dhéanamh ar chéimeanna nua a phléitear sa Pháipéar Glas seo. Ní mór go mbeadh na roghanna, faoi mar atáid imlínithe sa Pháipéar Glas, d'airgeadú chúrsaí craolta sa tír seo sa todhchaí, ba chuma an ón gceadúnas teilifíse nó ón Státchiste a dhéanfaí é, i gcomhréir leis na srianta a bhaineann leis na polasaithe eacnamaíochta agus airgeadais atá á leanúint ag an Rialtas.

8.10 An ann do roghanna suntasacha eile cistithe? Tagann an urraíocht agus an síntiús/incriptiú chun cuimhne mar fhoinsí féideartha. Cé nach dtagann brú ar chinntí eagarthóireachta de bharr urraíocht ar chláir áirithe in airéine na n-ealaíon, ní mór féachaint ar an urraíocht i gcoitinne mar chineál eile fógraíochta. Is féidir a bheith ag dréim leis nach meallfaidh cláir urraíocht ach amháin más rud é go meallfaidh siad lucht féachana atá tarraingteach ar bhonn tráchtála. Rud eile de, tá an urraíocht, déanta na fírinne, ag brath ar líon beag urraithe corparáideacha agus eile.

8.11   Cé gur cosúil go bhfuil an síntiús/incriptiú tar éis é féin a chruthú mar bhealach chun cistiú a chur ar fáil do chainéil téama ar nós cainéil scannán ní cosúil gur mheicníocht fheiliúnach chistithe é do chainéal seirbhíse poiblí. Chuirfeadh sé prionsabal na rochtana do chách ar ceal agus chuirfeadh sé iallach ar chraoltóirí díriú ar an lucht féachana a uasmhéadú. Cé go bhfuil an incriptiú anois tar éis staid forbartha a bhaint amach inar féidir é a úsáid le haghaidh craolta talmhaí bheadh an costas é a chur ar fáil do gach teaghlach an-ard agus chuirfeadh an próiseas isteach go mór ar lucht féachana agus ar chraoltóirí araon.

8.12   **<u>Roinnt ceisteanna a ardaítear le haghaidh díospóireachta sa chaibidil seo:</u>**

(a)   **Ar chóir go dtiocfadh 50% ar a laghad de theacht isteach an chraoltóra náisiúnta ón gceadúnas teilifíse i dtreo is go dtabharfaí cosaint do neamhspleáchas eagarthóireachta na dtáirgeoirí clár?**

(b)   **Ar chóir iarracht a dhéanamh chun an cineál clár a shainmhíniú ar a d'fhéadfaí teacht isteach ón gceadúnas teilifíse a chaitheamh?**

(c)   **Ar chóir go mbeadh rochtain ag na craoltóirí uile a chraolfadh an cineál sin clár ar theacht isteach ón gceadúnas teilifíse?**

(d)   **Ar chóir ceadúnas raidió speisialta a thabhairt ar ais d'fhonn cláir seirbhíse poiblí san earnáil raidió neamh spleách a chistiú?**

Caibidil a Naoi

Seirbhísí Náisiúnta, Réigiúnda agus Áitiúla

Seirbhísí Náisiúnta, Réigiúnda agus Áitiúla

9.1   **Teilifís Náisiúnta.** Tá plé déanta i gCaibidil 6 ar an dá sheirbhís teilifíse náisiúnta atá ag RTÉ. Tá cumhachtaí ag an gCoimisiún Raidió agus Teilifís Neamhspleách (CRTN) faoin Acht um Raidió agus Teilifíse, 1988, chun socrú a dhéanamh i ndáil le seirbhís náisiúnta teilifíse neamhspleách a sholáthar. Go dtí go mbronnann CRTN conradh agus go mbunófar seirbhís teilifíse neamhspleách, ní féidir ach tuairimíocht a dhéanamh faoi na sonraí a bhainfeadh leis an gclársceideal agus na huaireanta craolacháin a bheadh ag seirbhís neamhspleách.

Chomh maith leis sin, tá cinneadh déanta ag an Rialtas go mbunófar Teilifís na Gaeilge mar chainéal náisiúnta ar leith. Go dtí gur féidir Teilifís na Gaeilge a bhunú mar eagras dlíthiúil ar leith, tá freagracht tugtha ag an Rialtas do RTÉ i ndáil le tógáil agus feidhmiú tosaigh na seirbhíse nua. Déantar plé i gCaibidil 10 faoi na struchtúir dlíthiúla nua a d'fhéadfadh a bheith ann do Theilifís na Gaeilge. Aithneoidh an díograiseoir is suntasaí ar son na seirbhíse nua, áfach, go mbeidh an stáisiún nua teoranta i dtosach báire do idir dhá agus trí uair an chloig de chláir Ghaeilge in aghaidh an lae. Nuair a bhí cinneadh an Rialtais maidir le hairgeadú Theilifís na Gaeilge á chur in iúl aige d'Údarás RTÉ agus do Chomhairle Theilifís na Gaeilge, dúirt an tAire Ealaíon, Cultúir agus Gaeltachta go bhféadfadh an Chomhairle, i gcomhairle leis an Údarás, moltaí (ar a n-áirítear feidhm a bhaint as an am craolta nach mbeidh in úsáid) a chur os a chomhair d'fhonn airgead a ghnóthú chun tuilleadh cláir Ghaeilge a dhéanamh. Mar sin féin, is sócmhainn náisiúnta a bheidh sa bhonneagar teicneolaíochtá atá á thógáil do Theilifís na Gaeilge agus tagann an cheist aníos faoi conas a bheifear in ann an t-am a bheidh le spáráil ar an líonra nua a úsáid chun an leas is fearr is féidir a fháil don uile dhuine. Luaitear sa Chomhaontú Polasaí - "Rialtas le haghaidh Athnuachana" - áit a ndéantar tagairt do Theilifís na Gaeilge go bhféadfaí an t-am a bheidh le spáráil ar an gcainéal a úsáid ar mhaithe le cláir seirbhíse poiblí eile nach féidir freastal ceart a dhéanamh orthu ar chainéil eile, mar shampla, cianoideachas, cláir de theangacha iasachta agus clúdú níos fearr den Oireachtas. Tá féidearthacht ann freisin go bhféadfaí an cumas breise nach bhfuil in úsáid ar an líonra a thabhairt do chainéal teilifíse neamhspleách.

B'fhéidir go mbeidh deis ann chun cumas breise do chraoladh teilifíse a chur ar fáil do shaoránaigh agus do phobail. Beidh sé indéanta fáil níos fearr a bheith ann d'am craolacháin ar mhaithe le cláir a láidreodh agus a rachadh chun leasa an daonlathais. Is cosúil go mbeadh an fhéidearthacht atá ann chun clúdú níos mó a dhéanamh ar imeachtaí an Oireachtais suntasach do dhaonlathas páirtíochta. De bharr cúiseanna sceidealta, is é is mó atá sa chlúdú Oireachtais faoi láthair - clúdú atá fiúntach agus tábhachtach mar sin féin - ná príomhphointí tugtha chun suntais agus eagarthóireacht déanta orthu. Dá mbeadh am craolta níos mó ann do chlúdú an Oireachtais, d'fhéadfadh cur chuige níos iomláine a bheith ann agus thabharfaí deis do shaoránaigh bheith páirteach sna himeachtaí a bhaineann le ceann dár n-institiúidí is tábhachtaí.

Cén struchtúr is fearr a d'oirfeadh chun maoirseoireacht a dhéanamh ar an úsáid a bhainfí as an am nach mbeadh ag teastáil ó Theilifís na Gaeilge? Ar chóir go mbeadh an t-eagras a bhunófar chun Teilifís na Gaeilge a fheidhmiú freagrach as an gcraoladh uile ar an bhonneagar nua nó ar chóir é a fhágáil faoi "Fhorúdarás" cinneadh a dhéanamh faoin meascán clár a bheadh le soláthar agus faoin méid ama a thabharfaí do chineálacha éagsúla clár? Conas a dhéanfaí airgeadú ar sheirbhísí dá leithéid?

9.2   **Seirbhísí Réigiúnda agus Áitiúla Teilifíse.** Ó am go chéile léiríodh suim i soláthar seirbhísí áitiúla agus réigiúnda teilifíse, ina mbeadh, glactar leis, scair shuntasach san áireamh de chláir a tháirgeofaí go háitiúil agus a dhéanfaí i gceantar nó réigiún a mbeadh freastal le déanamh air agus a rachadh chun leasa dó. Tagann na ceisteanna i gceist an mbeadh a leithéidí de sheirbhísí inmharthana ó thaobh eacnamaíochta agus, dá mbeadh, conas a d'fhéadfaí iad a sholáthar.

9.3   Tá an teilifís costasach mar mheán agus éilíonn an pobal i gcoitinne cláir de chaighdeán ard teicniúil agus de dhea-cháilíocht. San am a chuaigh thart bhí roinnt turgnamh ann cláir áitiúla a chur ar fáil ar chórais chábla ach den chuid is mó éiríodh astu ar chúiseanna éagsúla. Faoi láthair tá roinnt oibreoirí cábla ag soláthar clár áitiúla ar a gcórais. Léiríonn roinnt de na hiarrachtaí sin cumas measartha i dtaca le cainéil spéise áitiúla a sholáthar ar an dóigh seo. Tá cumhacht reachtúil ann faoi Alt 3A den Acht Radio-Thelegrafaíochta, 1926, a cuireadh isteach le hAlt 17 den Acht um Údarás Craolacháin (Leasú), 1976, chun soláthar agus dáileadh clár áitiúil ar chórais chábla a cheadúnú. Níor tugadh éifeacht don alt. Foráiltear le ceadúnais teilifíse cábla, má éilíonn an tAire Iompair, Fuinnimh agus Cumarsáide é, nach mór do cheadúnaí cainéal a chur ar fáil chun cláir áitiúla ceadaithe a chur amach. Arís níor

baineadh úsáid as an gcumhacht seo. Faoin reachtaíocht atá ann faoi
láthair ní thig ach le Radio Teilefís Éireann amháin tarchuradóirí le
haghaidh seirbhísí réigiúnda agus áitiúla teilifíse a cheadúnú.

9.4   D'fhéadfaí seirbhísí áitiúla agus réigiúnda, agus iad á stiúradh go
proifisiúnta, a sholáthar trí chainéil ar chórais chábla, ar chórais MMDS
nó ar tharchuradóirí ísealchumhachta nó meánchumhachta. D'fhéadfaí
a leithéidí de sheirbhísí a chistiú trí fhógraíocht, trí urraíocht, trí shíntiús
ón rialtas áitiúil nó trí na fáltais ó tháillí ceadúnais teilifíse cábla, a
íoctar isteach sa Státchiste, a dhíriú ina dtreo. Tá impleachtaí ag cistiú a
leithéidí de sheirbhísí trí fhógraíocht agus trí urraíocht do chistiú RTÉ
agus na stáisiún neamhspleách atá ann cheana féin. Ach, ní mór a
fhiafraí an ceart cur isteach ar fhorbairt seirbhísí teilifíse áitiúla agus
réigiúnda mar gheall ar an éifeacht a d'fhéadfadh a bheith ag na
seirbhísí sin ar na foinsí cistithe do mheáin eile.

9.5   Má tá a leithéidí de sheirbhísí le húdarú ní mór aghaidh a thabhairt ar
an ngá do mheicníocht rialaithe cuí do sheirbhísí dá leithéidí. Is féidir
cás a dhéanamh do shannadh na freagrachta le haghaidh rialaithe dá
leithéid don CRTN mar go mbeadh an tseirbhís áitiúil ina nádúr nó don
"Fhorúdarás" dá mbunófaí é. I dtéarmaí méid an mhargaidh, agus
tarraingteacht ó thaobh tráchtála mar sin, is dócha gurb é ceantar
Bhaile Átha Cliath an ceantar saincheadúnais is tarraingtí le haghaidh
seirbhís réigiúnda teilifíse. Ní dócha go mbeadh ionannas láidir
réigiúnda nó áitiúil ag a leithéid de sheirbhís agus is ábhar machnaimh
é an ceart soláthar a dhéanamh do sheirbhís dá leithéid in aon chor. An
mbeadh freastal níos fearr ar na pobail mura n-údarófaí ach seirbhísí
áitiúla teilifíse amháin?

9.6   Léireodh úsáid tarchuradóirí comhghnásacha craolta le haghaidh
seirbhísí réigiúnda agus áitiúla infheistiú caipitil nár bheag i
dtarchuradóirí agus i mbonneagar. Chomh maith leis sin, bhrathfadh
úsáid tarchuradóirí dá leithéid ar an infhaighteacht speictrim. Ag
féachaint do na hacmhainní airgeadais ar dhócha iad a bheith ar fáil ag
iarratasóirí le haghaidh ceadúnais chun seirbhísí réigiúnda agus áitiúla
teilifíse a oibriú, ag glacadh leis gur ann do pháirtithe dá leithéidí,
b'fhéidir gurbh fhearr díriú ar sheirbhísí dá leithéidí a sholáthar trí
mheán cainéil ar chórais chábla agus MMDS.

9.7   I dtíortha eile is ann do choincheap déach den chainéal teilifíse pobail.
Sa chéad chás ní mór do na hoibreoirí cábla cainéal pobail a chur ar

fáil d'úsáid an phobail a bhfuiltear ag freastal air agus ar mhaithe leis an bpobal sin. Sa dara chás eagraíonn an t-oibreoir cábla clár le haghaidh cainéal áitiúil teilifíse. Ar cheart ceanglas a leagan ar oibreoirí teilifíse cábla agus MMDS cainéal a chur ar fáil d'úsáid an phobail a bhfuiltear ag freastal air agus ar mhaithe leis an bpobal sin? Más ea, conas ba cheart é a chistiú? D'fhéadfaí machnamh a dhéanamh ar roinnt roghanna, e.g. ar chostas an oibreora cábla, trí shíntiúis áitiúla ón Údarás Áitiúil agus/nó ón bpobal gnó, trí urraíocht agus fhógraíocht nó trí pháirt de na fáltais ó na táillí teilifíse cábla atá iníoctha don Státchiste faoi láthair a chur ar mhalairt slí. D'fhéadfaí an cainéal seo a úsáid mar shampla chun eolas agus comhairle ó na seirbhísí sláinte agus leasa chomh maith leis an Údarás Áitiúil ar chearta agus freagrachtaí saoránach, dá mbeadh na húdaráis a bheadh i gceist sásta an áis a úsáid chuige seo.

Ní mór go dtosódh aon éileamh le haghaidh teilifís pobail le gníomhaíocht phobail chun údaracht a chuid struchtúr agus freagairtí a chinntiú. Cé na bearta is fearr a éascóidh teacht chun cinn gnáthamh chun tacaíocht a thabhairt do ghrúpaí pobail clár nach bhfuil stiúideo-bhunaithe a dhéanamh ar an gcéad dul síos? Conas a chinnfear rochtain chothrom do ghrúpaí éagsúla chuig cainéal pobail? D'fhéadfadh sé tarlú mar thoradh ar sholáthar clár teilifíse pobail go mbrúfaí amach na cláir atá sa phríomhshruth ar chórais chábla agus MMDS. I gcás córas cábla, tá sé indéanta ar bhonn teicniúil, ar chostas, córais chábla áitiúla a oibriú ionas go dtabharfaí suntas do mhianta na bpobal áitiúla, b'fhéidir trí reifreann ag leibhéal bharda an údaráis áitiúil, i ndáil leis an rochtain áitiúil ar chláir.

9.8 **Seirbhísí Náisiúnta agus Áitiúla Raidió.** Ó bunaíodh an CRTN sa bhliain 1988, tá 23 stáisiún raidió neamhspleácha tar éis teacht ar an aer ar fud na tíre. Tháinig seirbhís náisiúnta raidió neamhspleách - Century Radio - ar an saol ar feadh tréimhse ghearr ach theip air mar thoradh ar bhrúnna tráchtála agus ar neamhthoilteanas na scairshealbhóirí leanúint ar aghaidh leis. Níor cheadúnaigh an CRTN aon stáisiún réigiúnda ach freastalaíonn an dá stáisiún i mBaile Átha Cliath agus an stáisiún i gCorcaigh ar dhaonraí móra agus d'fhéadfaí a rá go bhfuil stádas gar-réigiúnda acu. Tá nádúr logántachta ag na seirbhísí eile den chuid is mó agus bhí sé tábhachtach a chinntiú go leanfaí ag déanamh freastal cuí ar na ceantair sin. Is oibríochtaí tráchtála na stáisiúin seo, seachas dhá eisceacht.

9.9   Roimh 1987 bhí ionad monaplach sa chraoladh ag RTÉ mar an craoltóir
       náisiúnta. Ní hamháin gur cheartaigh ceadúnú conraitheoirí san earnáil
       phríobháideach ceist na húinéireachta i réimse an chraolta ach freisin
       thug sé isteach éagsúlacht eagarthóireachta.

       Iad sin a lorg agus ar bronnadh ceadúnais orthu, rinne siad é seo ar
       bhonn inmharthanacht tráchtála, is é sin an dóchas go bhfaighfí ar ais
       na costais thionscantacha caipitil, go gclúdófaí na forchostais, agus go
       nginfí barrachas chun go bhfaighidís toradh ar a n-infheistíocht.

       Is cosúil gur bhain cuid de na stáisiúin an cuspóir seo amach go sásúil
       ach gur fhulaing cuid eile caillteanais a d'fhéadfadh a gcumas leanúint
       ag cistiú an chomhlachta a chur i mbaol.

       Ós rud é gurbh é cuspóir an Rialtais ar an gcéad dul síos deiseanna a
       sholáthar don earnáil phríobháideach brabús a bhaint as an gcraoladh,
       an iomchuí machnamh a dhéanamh ar sholáthar fóirdheontas nuair nár
       chuir fórsaí an mhargaidh an brabús sin ar fáil?

9.10   Ní mór tuilleadh forbartha san earnáil neamhspleách raidió a bheith
       bunaithe ar na stáisiúin sin a chruthaigh a n-inmharthanacht tráchtála
       cheana féin. Ní mór cineálacha nua clár a spreagadh, ní mór
       machnamh a dhéanamh ar oiliúint tallainne nua, agus b'fhéidir
       tallainne atá ann cheana féin, chun go leanfaidh na caighdeáin ag dul i
       bhfeabhas. Conas, mar sin, ba cheart na forbairtí seo a chistiú? An
       bhfuil an príomhchúram ar na conraitheoirí iad féin agus má tá, conas
       ba cheart don pholasaí poiblí cabhrú leo? Má cheaptar gur gné
       riachtanach é cistiú ón Stát, ar cheart é seo a bheith ar bhonn bliantúil
       nó le haghaidh tréimhse ar leith amháin?

9.11   **Raidió Náisiúnta Neamhspleách.** Léirigh an t-aon taithí gan rath ar
       stáisiún náisiúnta raidió neamhspleách na priacail tráchtála atá i gceist.
       Tá an CRTN arís ag machnamh moltaí do sheirbhís dá leithéid agus
       tagann ceisteanna i gceist faoi nádúr aon seirbhís a d'fhéadfadh ionad
       Century Radio a ghlacadh. Ar chóir go mbeadh sí seo ina seirbhís atá
       dírithe ar chineál ar leith clár? Conas a d'fhéadfadh seirbhís dá leithéid
       na seirbhísí atá ann cheana féin a chomhlánú seachas a dhúbailt? Ar
       chóir go mbeadh an cainéal ar fáil ag aon chonraitheoir amháin nó ag
       roinnt conraitheoirí ag uaireanta éagsúla?

Tá an cumas faoi láthair i gcion na hÉireann den speictream minicíochta fuaimchraolta do sheirbhís náisiúnta raidió VHF de bhreis ar na líonraí atá ag RTÉ anois agus do líonra náisiúnta raidió neamhspleách b'fhéidir, a bheadh ar fáil do shainseirbhís, ach an bonneagar teicniúil a bheith tógtha. Ní mór an cheist a chur an bhfuil spás ann don dara sheirbhís náisiúnta raidió neamhspleách nó ar chóir, de rogha ar sin, an cumas sin a úsáid mar réiteach na faidhbe i ndáil leis na socruithe comhroinnte atá ann faoi láthair idir Raidió na Gaeltachta agus FM3.

9.12 **Raidió Pobail/Sainspéise.** Tagraíonn an reachtaíocht atá ann i láthair na huaire don "raidió neamhspleách" amháin agus ní dhéanann sé aon idirdhealú idir raidió tráchtála agus raidió pobail. Tríd is tríd clúdaíonn an téarma gach seirbhís seachas seirbhísí RTÉ. B'fhéidir mar sin go mbeadh sé ina chabhair aitheantas foirmeálta a thabhairt don idirdhealú idir an raidió tráchtála agus an raidió pobail in aon reachtaíocht nua. Is í an difríocht is mó eatarthu ná gur "ar mhaithe le brabús" atá ceann díobh, agus nach ar mhaithe le brabús atá an ceann eile.

9.13 Go dtí seo níl ach dhá sheirbhís pobail ag feidhmiú, an dá cheann acu i mBaile Átha Cliath - Anna Livia agus Raidió na Life. Ag deireadh 1994 thairg an CRTN ceadúnais sainspéise do ghrúpaí pobail agus ardoideachais. Beidh sé riachtanach a chinntiú nach siofóntar ioncam poiteinsil do na stáisiúin tráchtála go dtí na stáisiúin pobail seo agus marthain leanúnach na stáisiún tráchtála a chur i mbaol. B'fhéidir go bhféadfaí cistiú poiblí ó áisínteachtaí lárnacha agus áitiúla araon a chur ar fáil mar shíolairgead chun nuáil a spreagadh i measc grúpaí pobail a fhaigheann ceadúnais amach anseo.

9.14   Roinnt ceisteanna a ardaítear le haghaidh díospóireachta
sa chaibidil seo:

(a)   Ar chóir an fhéidearthacht maidir le seirbhísí teilifíse
réigiúnacha, áitiúla agus pobail a éascú tríd an
reachtaíocht a leasú agus, más cóir, conas a d'fhéadfaí
iad a chistiú agus a rialú?

(b)   Ag glacadh leis gur cuireadh an reachtaíocht do bhunú
na seirbhísí craolta neamhspleácha chun cinn ar an
tuiscint gur gníomhaíocht ar bhonn tráchtála a ba chóir
a bheith i gceist, an iomchuí machnamh a dhéanamh ar
sholáthar fóirdheontas do na seirbhísí sin nuair nár
chuir fórsaí an mhargaidh an brabús a rabhthas ag
súil leis ar fáil?

(c)   Cén bealach ar chóir feabhsú caighdeán san earnáil
neamhspleách a chistiú? Ar chóir go mbeadh sé de réir
polasaí poiblí cúnamh airgeadais a chur ar fáil sa
réimse sin?

(d)   Má tá seirbhís náisiúnta raidió neamhspleách le bheith
curtha ar fáil, cén bealach ar chóir na cláir a shocrú
d'fhonn na seirbhísí atá ann cheana féin a chomhlánú
seachas a dhúbailt?

(e)   Cén bealach ar chóir raidió/teilifís phobail a chistiú?

Caibidil a Deich

An Ghaeilge agus an cultúr sa chraoladh

An Ghaeilge agus an cultúr sa chraoladh

10.1 Léiríonn staitisticí ó Choimisiún na hEorpa gur ag Éirinn atá an leibhéal
is ísle cumais i dteangacha seachas an Ghaeilge agus an Béarla i measc
tíortha uile an Aontais Eorpaigh. Is féidir a áitiú gur cheart go mbeadh
ról ag an gcraoladh, mar aon leis an gcóras oideachais, i gceartú na
staide seo. Cé chomh dáiríre agus is mian linn glacadh le reitric na
bpráinneachtaí teanga san Eoraip nua a bhfuil cinneadh déanta againn
sinn féin a ailíniú leis gan cumas dul siar air, ionann is?

Is é atá faoi chaibidil sa mhír seo ná an gaol idir an Ghaeilge agus an
Béarla sa chóras craolta agus conas teacht ar pholasaí a uasmhéadóidh
ár mbuntáiste comparáideach mar úsáideoirí an dá cheann díobh. Is é
an Béarla anois an t-aon teanga forlárnach ar domhan, rud a éascaíonn
cumarsáid idir grúpaí eile teanga, go mór mór an dosaen nó mar sin
teangacha osnáisiúnta atá iad féin ina bhfrancbhéarlaí ag réimse
ollmhór teangacha náisiúnta. Is é an Béarla príomh-fhrancbhéarla
dhéantúsaíocht, thrádáil agus chumarsáid an domhain. Sa chomhthéacs
sin, tá an Ghaeilge go mór ina teanga mhionlaigh. Léiríonn an tSuirbhé
Náisiúnta ar Theangacha 1993 a rinne Institiúid Teangeolaíochta
Éireann (ITÉ) go bhfuil sí in úsáid go pointí éagsúla (ó úsáid laethúil go
dtí úsáid fíor-ócáideach nó fulangach) ag idir 10% agus 40% den
daonra. Tá sí go domhain, áfach, inár mothú dár n-ionannas náisiúnta.
Tá forimeallú na Gaeilge (mar aon leis na teangacha eile Ceilteacha i
ngaireacht di) mar theanga íoschultúir ag teanga chóras coilíneachta
Shasana tar éis meascán mothúcháin a ghiniúint faoi úsáideachas na
Gaeilge sa saol comhaimseartha, an raon ag síneadh idir iad sin a
chaithfeadh amach an Ghaeilge ar fad mar chonstaic ar theangacha
níos 'ábhartha' Eorpacha a fhoghlaim agus iad sin inár measc a
chreideann go gcuirfidh an teanga dhúchais ar ais an mothú
féinmhuiníne náisiúnta a theastaíonn chun maireachtáil i ngeilleagar
domhanda an lae inniu.

10.2 **Teanga Cheannasach.** Tá dóchas ann i mballraíocht na
hÉireann i bpobal Béarla an domhain d'fhorbairt na dtionscal
closamhairc anseo. Ní fios go fóill cé chomh láidir agus atá bunús an
dóchais seo, fiú amháin nuair is ann do go leor misnigh, soirbhíochais,
díograis agus acmhainní. Mar aon le réimse sochaithe iarchoilíneacha i
gcodanna eile de dhomhan an Bhéarla, glacann Éire cuid mhór craolta
teilifíse Béarla, ar nós iad sin a dhíríonn a n-aidhm ar an lucht féachana
is mó is féidir a bhaineann úsáid as an mBéarla nó cainéil ilteangacha a
úsáideann fuaimrianta éagsúla nó fotheidil. Maireann an Béarla mar an

teanga cheannasach sa táirgeadh closamhairc, mar a dúradh cheana, ós rud é go n-osclaíonn táirgeadh cláir i mBéarla suas margadh atá sách mór chun léirithe costasacha atá inghlactha ag margadh tánaisteach a chistiú. Tá, go fiú, pobail teangacha níos lú nach labhraíonn an Béarla anois ag táirgeadh clár i mBéarla chun a mbrabús a uasmhéadú trí onnmhairiú, go fiú roimh iad a chur ar fáil le húsáid sa bhaile.

10.3 **Ról Siombalach na Gaeilge.** Léiríonn suirbhéanna ar dhearcadh an phobail go bhfuil, sna rithimí fada ama a thógann sé do theanga daingniú, bláthú, bheith in ard a réime, agus meath, cé go bhfuil cobhsú tar éis teacht ar mheath na Gaeilge sna deicheanna bliain deireanacha, cion don Ghaeilge ag méadú. Tá bearna sách mór idir na fíorleibhéil chumais teanga agus úsáide agus dearcadh dearfach i leith na teanga mar fhócas don ionannas Éireannach, le cuid mhór daoine ag cur luach mór le ról siombalach na Gaeilge i saol na tíre. Léiríonn suirbhéanna go gcreideann thart ar dhá thrian den daonra, gan an Ghaeilge, go gcaillfeadh Éire a hionannas mar chultúr ar leith agus tugann fiú amháin tráchtairí iasachta faoi deara go dtugann labhairt na Gaeilge sa Ghaeltacht mothú iomláine agus aontas leis na traidisiúin fuílligh chultúrtha do dhaoine, nach dtig leo a bhrath in áiteanna eile.

10.4 Tá fianaise ann nach critéir thábhachtach é fónamh na Gaeilge ar dá réir a mheasann an pobal an teanga agus tá amhras suntasach i measc an phobail ní hamháin an féidir í a athbheochan mar ghnáthmheán cumarsáide ar fud na tíre ach freisin an dtig léi maireachtáil tríd an gcéad ghlún nó dhó eile. Léiríonn na suirbhéanna aistriú suntasach in aigne an phobail le linn na fiche bliain deireanacha i bhfábhar níos mó tacaíochta ón Stát don Ghaeilge agus an creideamh go bhfuil ról géibheannach ag an Rialtas i dtacaíocht a thabhairt don Ghaeilge, trí eagraíochtaí Gaeilge, scoileanna lán-Ghaeilge, agus gnó an Rialtais a dhéanamh trí Ghaeilge, go fiú má chiallaíonn sé seo caiteachas poiblí níos airde. Léiríonn na suirbhéanna freisin ardú i dtacaíocht an phobail don smaoineamh gur cheart don Rialtas spreagadh agus tacaíocht a thabhairt don Ghaeilge ar an teilifís. Tá fianaise eimpíreach ann go bhfuil laghdú ag teacht ar an gcreideamh gur "theanga mharbh" í an Ghaeilge a bhaineann le gach rud atá seanchaite. Tá méadú faoi dhó, agus méadú faoi thrí i roinnt cásanna, tagtha ar an bhfreastal ar imeachtaí siamsaíochta ina labhartar Gaeilge (ceol, rince, spóirt), ó na 1970í luatha.

10.5 Ar chóir an craoladh trí Ghaeilge a fhágáil faoi bhois an chait ag fórsaí an mhargaidh nó ar chóir go mbeadh sé mar fheidhm ag an Rialtas leanúint ag déanamh eadráin i ngnóthaí na teanga, anois ar thaobh na gcearta teanga? Is cosúil, in Éirinn, ar nós mar atá in Albain agus sa Bhreatain Bheag, go gcuidíonn ról na teanga mar chomhartha ionannais i measc saoránaigh a labhraíonn Béarla i dtreo láithreacht sna meáin a chruthú don teanga mhionlaigh agus réimse poiblí mionlaigh a chruthú laistigh den cheann ceannasach.

Ar chóir go mbeadh réimse poiblí ginearálta amháin in aon stát nó an bhfuil sé níos úsáidí, i dtíortha a bhfuil pobail mhionlaigh eitneacha agus/nó teanga iontu, seachas an náisiúnstát aonteanga, smaoineamh ar réimse poiblí mionlaigh a bheith ag feidhmiú laistigh de nó taobh leis an gceann ceannasach? Tá suas go trí chéad agus caoga míle duine ann a bhfuil cumas maith dátheangach acu i nGaeilge agus i mBéarla. Úsáideann líon mór an Ghaeilge go minic ina ngnáthshaol agus cuid eile úsáid aisti ar bhealach níos teoranta. Ní bhíonn deis ag cuid eile í a úsáid ar bhonn rialta. Tá raon teoranta asraonta meáin chumarsáide ag an ngrúpa sin a bhfuil ard-chumas teanga aige, atá ina gcónaí laistigh agus lasmuigh den Ghaeltacht, agus maireann sé mar chuid d'aonad polaitiúil i bhfad níos mó. Téann na tosca seo i bhfeidhm ar ionannas cultúrtha an ghrúpa ar bhealaí suntasacha. Mura bhfuil réimse poiblí aige, mar sin, b'fhéidir go gcaillfidh sé a ionannas mar phobal ar fad nó go gcloífidh sé le múnlaí ionannais nach bhfuil feiliúnach chun dul i ngleic le castachtaí an tsaoil chomhaimseartha ag deireadh an 20ú haois.

Chomh maith leis sin, léiríonn suirbhéanna go bhfuil líon suntasach daoine a bhfuil leibhéil chumais níos bunúsaí acu nó a bhfuil tuiscint fulangach acu ar an teanga. Tacaíonn tromlach soiléir an phobail leis an bpolasaí chun an Ghaeilge a mhúineadh go héifeachtach i scoileanna bhunoideachais agus iarbhunoideachais d'fhonn a chinntiú go mbeidh leibhéal maith cumais ag an daonra d'aosaigh óga. Diúltaítear deis don ghrúpa sin, de bharr a laghad asraonta meáin chumarsáide atá ar fáil dó, bheith páirteach i bpobal nua-aimseartha a labhraíonn Gaeilge agus inar féidir ceisteanna ginearálta an lae (ceisteanna polaitiúla nó sóisialta, mar shampla, nó imeachtaí spóirt) a thuairisciú, a scagadh agus a phlé trí mheán na Gaeilge.

10.6 Is féidir a rá gurb ionann an cumas díospóireachta poiblí ina chéadteanga féin a choinneáil ón bpobal Gaeilge agus, déanta na fírinne, a marthain a cheilt air, ós rud é go bhfuil sé bunaithe mar phobal tríd an nGaeilge agus gurb í an teanga sin cuid mhór a iompraíonn a chultúr. Is ionann dlisteanacht réimse poiblí na Gaeilge a shéanadh agus an pobal seo a chur ina gheiteo cultúrtha, gan úsáid ach amháin chun mothú leanúnachais chultúrtha leis an am atá imithe thart a thabhairt don réimse Béarla chomh maith le mothú dearfachta cultúrtha i saol neamhchinnte domhanda.

10.7 **Ionannas Comhchoiteann.** Ceann d'fheidhmeanna is tábhachtaí an chraolta i nGaeilge is ea tabhairt le chéile an phobail scaipthe a úsáideann Gaeilge trí spás closamhairc Gaelach dá chuid féin a chruthú agus a mhothú dá ionannas féin a dhoimhniú. Is gá do chainteoirí Gaeilge guthanna a bpobal féin a chlos ina dteanga féin. Is dócha nach gcinnteoidh forbairt réimse poiblí ann féin go dtiocfaidh an Ghaeilge agus an cultúr atá gaolmhar léi slán, ach gan é, is beag seans a bheidh ag an teanga forbairt a dhéanamh.

10.8 Ar nós mar atá i gcásanna dátheangacha eile san Eoraip, braithfidh cainteoirí go bhfuil siad mar 'choimhthígh' más sa teanga cheannasach atá gach díospóireacht phoiblí. Aithnítear i bhforbairt polasaí de chuid an Aontais Eorpaigh ar Theangacha Neamh-Fhorleathana na riachtanais seo agus an bhagairt atá ann don aontacht Eorpach sa dearcadh barrchéimíochta cultúrtha a bhíonn ann go minic sna héilimh le haghaidh na héifeachtachta agus réasúnachta breise sna teangacha ceannasacha. Is bealach tábhachtach é cosaint agus neartú réimse poiblí mionlaigh chun ionannas comhchoiteann a chaomhnú ach freisin chun oiriúnú d'athruithe a chothú.

10.9 Méadaítear féidearthacht réimse poiblí Gaeilge má thugtar tacaíocht do dhálaí áirithe meán cumarsáide: nuacht agus cúrsaí reatha rialta agus ar ardchaighdeán, ag soláthar iniúchadh agus plé ar cheisteanna poiblí; éagsúlacht ábhar sna cláir, ag cur san áireamh speictream leathan cineálacha siamsaíochta a dtig leis cur le réimse poiblí chomh maith; agus rochtain réasúnta ar na meáin ag speictream leathan tuairimíochta, i dtreo nach mbeidh baill ardghradaim den sochaí nó daoine gairmiúla sna meáin, a dtig leo uaireanta ról atá cumhachtach as cuimse a bheith acu, ag coinneáil smachta ar thonnta an aeir. I bpobal teanga mion- laigh go mór mór, beidh an claonadh ann go mbeidh cuid acu sin a chinneann dul ag obair sa teanga mhionlaigh ina lucht feachtais meán agus is gá cúram ar leith a ghlacadh chun a chinntiú go meáitear tionchar ghrúpa sách beag bundaoine le cláir a dhéantar go háitiúil rud a chinntíonn go léiríonn ábhar an mheáin tuairimí phobal na Gaeilge i gcoitinne.

10.10 **Éagsúlacht Chultúrtha.** Luíonn sé le réasún go mbraitheann meáin teangacha mionlaigh brúnna tráchtála níos mó ná meáin na mórtheangacha, agus go fiú sa Chatalóin, áit a dtuigeann timpeall is sé mhilliún duine an teanga (agus a úsáideann móramh suntasach í), tá gá le hairgead poiblí le haghaidh an chraolta, ainneoin an lucht féachana nó éisteachta réasúnta mór atá ar fáil. Cuireann réaltachtaí eacnamaíochta brú ar tháirgeoirí díriú ar an margadh is mó, arbh é an margadh Béarla é, ach fós éilíonn an lucht féachana nó éisteachta mionlaigh meas ar a sainiúlacht chultúrtha.

10.11 An féidir go sroichfidh táirgí closamhairc Gaeilge lucht féachana atá níos mó ná é sin a bhfuiltear ag tnúth leis le haghaidh Teilifís na Gaeilge? Déanann Páipéar Glas Choimisiún na hEorpa ('Roghanna Straitéise chun Tionscal Clár na hEorpa a Neartú i gComhthéacs Pholasaí Closamhairc an Aontais Eorpaigh') an argóint go mbeidh éagsúlacht chultúrtha na hEorpa, a iompraíonn éagsúlacht clár, ina sócmhainn luachmhar eacnamaíochta do na tionscail chlosamhairc amach anseo.

10.12 Mar a thagann pobal na hEorpa aghaidh ar aghaidh le méadú easpónantúil sna seirbhísí meán cumarsáide, tarlóidh ilroinnt sa mhargadh tar éis claonadh chun clár níos aonghnéitheacha á gcur ar fáil ag táirgeoirí agus iad ag iarraidh a scair den lucht féachana agus éisteachta Eorpach a uasmhéadú. Cuirfear iallach ar sholáthraithe straitéis a fhorbairt atá bunaithe ar éagsúlacht chlár d'fhonn lucht féachana nó éisteachta a bheidh ag laghdú de réir a chéile, a dtig leo táirge ar leith a chothú mar sin féin, a shásamh. Dá chúinge an sprioclucht féachana nó éisteachta is ea is mó a bheidh gá le bonn leathan tíreolaíochta agus cultúrtha don táirgíocht, i dtreo go dtig le cáilíocht agus éagsúlacht bláthú agus ag an am céanna a bheith inmharthana ó thaobh eacnamaíochta. Cé go bhfuil an lámh in uachtar ag tionscal Mheiriceá ar theascán scannán lánfhada de mhargadh físeán na hEorpa, tá, déanta na fírinne, an scair Eorpach den mhargadh neamhscannánach ag méadú le cláir fhaisnéise, spóirt, dúlra, cláir do pháistí agus cláir cheoil agus thurasóireachta.

10.13 B'fhéidir go bhfuil an anailís seo ar na claonta sa mhargadh don 21ú haois fíor i leith táirgí closamhairc Éireannacha i gcoitinne, táirgthe sa dá theanga, agus is dócha go mbaineann sé le margadh na gcríocha Béarla (Meiriceá Thuaidh go mór mór) chomh maith le margadh na hEorpa. Ach b'fhéidir go bhfuil ábharthacht ar leith aici i leith táirgí Gaeilge mar, le comhbhrú digiteach, is féidir cláir a chur in eagar agus a chraoladh i dteangacha éagsúla agus éagsúlacht leathan fuaimrianta nó tacar fotheideal a chur san áireamh le húsáid sa mheán craolta céanna. Cuirfidh sé seo asraonta nua nideoige ar fáil do tháirgeoirí Éireannacha agus tuilleadh féidearthachtaí rochtana chuig táirgíochtaí ó chultúir teanga mhionlaigh do lucht féachana agus éisteachta.

10.14 Beidh gá ann le luas a chur le hiarrachtaí taighde agus forbartha chun dubáil agus fotheidealú a chur chun cinn, mar aon le cláir oiliúna dírithe ar an margadh agus ar na teicneolaíochtaí nua, d'fhonn leas a bhaint as buntáistí an chomhbhrúite dhigitigh agus amhras an lucht féachana bunaithe ar dhrochthaithí roimhe seo ar dhubáil agus ar fhotheidil ar chaighdeán íseal a chloí. Ba cheart go mbeadh sé seo ina chuid bhunúsach de pholasaí chun tacaíocht a chothú don chruthaíocht ag gach leibhéal den tionscal closamhairc in Éirinn agus ar an gcaoi sin postanna a chruthú in Éirinn. Tá bunús tionscnaimh thacaíochta de chuid an Aontais Eorpaigh ann cheana féin leis na cláir BABEL agus SCALE a bhfuil sé mar aidhm acu tacú le teangacha agus cultúir mhionlaigh.

10.15 **Éileamh ar sheirbhísí trí Ghaeilge.** Leanann an Ghaeilge á labhairt ag cuid mhór daoine atá scaipthe ar fud na hÉireann. Lean úsáid na Gaeilge agus an cumas sa teanga araon go réasúnta seasmhach mar a léirigh na suirbhéanna náisiúnta teanga i 1973, 1983 agus 1993. Léiríonn an fhianaise suirbhé seo freisin go bhfuil na meáin chraolta ina bpointe tábhachtach teagmhála do na baill den phobal a bhfuil Gaeilge acu. Mar gheall ar nádúr scaipthe dháileadh na gcainteoirí a bhíonn ann go minic, comhlíonann na meáin chraolta ról riachtanach i dtaithíocht ar an teanga a chaomhnú agus i ndeis a sholáthar chun í a úsáid.

10.16 Léiríonn sonraí na suirbhéanna go dtacaíonn cuid shuntasach den daonra le méadú sa soláthar don Ghaeilge sna meáin, e.g., léirigh suirbhé 1993 gur shíl 75% gur chóir don Rialtas spreagadh nó tacaíocht a thabhairt d'úsáid na Gaeilge ar an teilifís, suas ó 66% i 1973. Ó 1973 i leith tá ardú ó 47% go 50% sa chionmhaireacht a mbeadh brón orthu mura mbeadh aon Ghaeilge á labhairt ar an raidió nó ar an teilifís náisiúnta, agus thit an líon a bheadh sásta dá dtarlódh sé seo ó 14% go 5%.

10.17 **An staid i láthair i leith sainseirbhísí trí Ghaeilge.** I leith an chraolta raidió, tá Raidió na Gaeltachta, a chraolann tuairim is 80 uair an chloig de chláir i nGaeilge ar fud na tíre gach seachtain, ag feidhmiú faoi choimirce Údarás RTÉ ó bunaíodh é i 1972. Tá coiste comhairleach, Comhairle Raidió na Gaeltachta, a thugann comhairle ar stiúrú na seirbhíse, bunaithe ag RTÉ. Cistítear an tseirbhís ó na foinsí ginearálta airgeadais atá ar fáil ag RTÉ.

Is ann freisin do shainseirbhís Ghaeilge - Raidió na Life -atá ag craoladh gach lá i gceantar Bhaile Átha Cliath faoi théarmaí conartha atá eisithe ag an gCoimisiún um Raidió agus Teilifís Neamhspleách (CRTN).

10.18 I leith na teilifíse, tá cinneadh déanta ag an Rialtas seirbhís nua teilifíse Gaeilge, Teilifís na Gaeilge, a bhunú. Faoin reachtaíocht atá ann faoi láthair ní mór do sheirbhís dá leithéid a bheith faoi choimirce Údarás RTÉ. Tá coiste comhairleach, Comhairle Theilifís na Gaeilge, bunaithe ag an Údarás, chun comhairle a thabhairt i leith forbairt na seirbhíse nua, ag cur san áireamh earcú agus oiliúint foirne agus coimisiúnú clár. Is é téarma oifige na Comhairle ná dhá bhliain nó go dtí go gcuirtear córas reachtúil i bhfeidhm le haghaidh Teilifís na Gaeilge, cibé acu is túisce.

Tá fonn ar an Rialtas go bhfeicfí an tseirbhís nua teilifíse mar rud neamhspleách ann féin, cé go mbeadh sé ag tarraingt ar oilteacht, ar áiseanna agus ar chartlann RTÉ. Ní mór mar sin machnamh a dhéanamh ar na roghanna i ndáil le struchtúr reachtúil le haghaidh Teilifís na Gaeilge.

10.19 **Socruithe reachtaíochta amach anseo le haghaidh Teilifís na Gaeilge.** Bheadh sé indéanta údarás reachtúil ar leith a bhunú le haghaidh Teilifís na Gaeilge bunaithe ar Údarás RTÉ agus an CRTN mar atá faoi láthair. Más é an tuairim atá ann cheana féin, áfach, nach bhfuil gá le dhá hÚdarás rialaithe ag déileáil leis an gcraoladh i dtír den mhéid seo, is deacair argóint a dhéanamh i bhfábhar an tríú chomhlacht a bhunú. Dá gcumascfaí feidhmeanna rialacha/polasaí

Údarás RTÉ agus an CRTN i gcoincheap "Fhorúdaráis", is deacair argóintí áititheacha a sholáthar gur chóir go mbeadh údarás reachtúil ar leith ann le haghaidh Teilifís na Gaeilge.

Is é an socrú is éifeachtaí, dá gcruthófaí "Forúdarás", ná plé le Teilifís na Gaeilge ar an gcaoi chéanna agus a phléifí le seirbhísí RTÉ mar atá faoi láthair agus oibreoirí an chainéil a bheith freagrach don "bhForúdarás". Thitfeadh sé ar an "bhForúdarás" leibhéal an chistithe ón Státchiste a chuirfí ar fáil don tseirbhís a phlé leis an Rialtas gach bliain.

10.20 **Socruithe reachtúla amach anseo le haghaidh Raidió na Gaeltachta.** I leith Raidió na Gaeltachta d'fheidhmigh na socruithe riaracháin atá ann faoi láthair go réasúnta maith. Le bunú Theilifís na Gaeilge agus le cineál éigin struchtúir neamhspleách chun maoirseacht a dhéanamh ar stiúrádh na seirbhíse, áfach, an bhfuil cás ann an fhreagracht do Raidió na Gaeltachta a aistriú go dtí an údarás nua atáthar á mholadh?

Ba chosúil go bhfuil buntáiste loighiciúil ina leithéid de shocrú don dá sheirbhís. Chiallódh a leithéid de shocrú, ar ndóigh, nár mhór na socruithe cistithe le haghaidh Raidió na Gaeltachta a leagan síos go soiléir. Faoi láthair, mar a dúradh cheana, is é RTÉ a chistíonn an tseirbhís as a chuid foinsí ginearálta airgeadais.

Moladh i gCaibidil 8, dá nglacfaí leis an moladh "Forúdarás" a chruthú, gur ar an údarás sin a thitfeadh an fhreagracht an glanioncam ó tháillí ceadúnais a chionroinnt idir na seirbhísí éagsúla. Ag brath ar aontú a bheith déanta faoi fhigiúr bunúsach ag an tús, ba chosúil go mbeadh an mheicníocht seo feiliúnach don todhchaí dá ndeighiltfí Raidió na Gaeltachta ó RTÉ.

10.21 **Dualgais na gcraoltóirí i leith na Gaeilge.** Ainneoin gurb ann do roinnt sainseirbhísí Gaeilge nó go bhfuiltear ag ullmhú chun iad a chur ar fáil faoi láthair, ní ghlacann an Rialtas leis go scaoileann sé seo na craoltóirí go léir eile óna ndualgas don phobal i leith na Gaeilge agus an chultúir atá gaolmhar di a chomhlíonadh ina gcuid craolta.

Ní mór ról agus dualgais na gcraoltóirí a fheiceáil ar an gcéad dul síos i gcomhthéacs freastal a dhéanamh ar riachtanais phobail na hÉireann ar phobal dátheangach é cé go bhfuil úsáid an Bhéarla ceannasach go mór ann. Ní mór na seirbhísí craolta a bhfuiltear á sóláthar a mheas i gcomhthéacs an pholasaí náisiúnta i leith forbairt an dátheangachais i sochaí na hÉireann agus ní mór aird a bheith acu ar na prionsabail atá taobh thiar den pholasaí sin.

10.22 **An staid reachtaíochta faoi láthair.** I leith RTÉ, ceanglaíonn Alt 17 den Acht um Údarás Craolacháin, 1960, arna leasú ag Alt 13 den Acht um Údarás Craolacháin (Leasú), 1976, mar a leanas ar an Údarás i ndáil lena chuid clár:-

"beidh aird aige ar leasanna agus ar chúraimí an phobail uile, coimeádfaidh sé i gcuimhne a riachtanaí atá comhthuiscint agus síocháin ar fud oileán na hÉireann uile, cinnteoidh sé go léireoidh na cláir na haraíona éagsúla dá bhfuil saíocht phobal oileán na hÉireann comhdhéanta, agus beidh cás ar leith aige do na haraíona a shainíonn an tsaíocht sin agus go háirithe don Ghaeilge."

Níl aon cheanglas dá leithéid ar an earnáil fhuaimchraolta neamhspleách. Ceanglaíonn Alt 6 den Acht Raidió agus Teilifíse, 1988, go mbeidh aird ag an CRTN, le linn an t-iarratasóir is feiliúnaí chun conradh fuaimchraolta a bhronnadh air a chinneadh, idir nithe eile, ar:-

"líon, cáilíocht, réimse agus cineál na gclár Gaeilge agus réim na gclár i ndáil le cultúr na hÉireann a bheartaítear a chur ar fáil."

Foráiltear mar a leanas le Fo-alt (3) d'Alt 6:-

"Le linn don Choimisiún breithniú a dhéanamh ar oiriúntacht aon iarratasóra chun conradh craolacháin fuaime a dheonú dó le seirbhís craolacháin fuaime a chur ar fáil maidir le limistéar a bhfuil limistéar Gaeltachta ar áireamh ann, beidh aird ar leith ag an gCoimisiún ar chaomhnú na Gaeilge mar theanga labhartha."

10.23 **Ceanglais reachtúla amach anseo.** Síltear ag roinnt daoine go bhfuil na forálacha reachtúla atá anois ann i leith RTÉ agus i leith na hearnála fuaimchraolta neamhspleáiche mí-éifeachtach i gcinntiú go mbeadh ionad cuí ag an nGaeilge i sceidil clár na seirbhísí seo agus ba mhaith le líon mór daoine dá dtiocfadh feabhas suntasach ar an staid atá ann faoi láthair.

De bhrí gur i mBéarla go hiomlán, beagnach, atá an earnáil fhuaimchraolta neamhspleách ag feidhmiú i gcoitinne, tá amhras suntasach ann nach leor iad na forálacha ábhartha in Alt 6 den Acht Raidió agus Teilifíse, 1988. Cé go n-admhaítear go raibh feabhas i soláthar clár Gaeilge RTÉ le blianta beaga anuas, mar sin féin is cúis imní an éiginnteacht bhunúsach ina dhualgais reachtúil.

10.24   Má ghlactar leis an gcuspóir go gcinnteofaí go mbeadh leibhéal réasúnta craolta Gaeilge thar an raon de sheirbhísí craolta Gaeilge, ní mór an cheist a chur an bhfuil gá le forálacha nua reachtaíochta, a n-áireodh critéirí soiléire agus intomhaiste, chun a chinntiú go mbaintear an cuspóir sin amach.

10.25   Má chinntear go bhfuil gá le forálacha dá leithéid, dealraíonn sé go dteastódh cumhachtaí agus acmhainní cuí ó aon "Fhorúdarás" a bheadh freagrach i maoirseoireacht a dhéanamh ar fheidhmiú na seirbhísí craolta chun a chinntiú nach ndéantar riachtanais chraolta sochaí dhátheangach a íobairt ar son chaoithiúlacht eacnamaíochta nó teanga. Mar shampla, nach bhfuil sé réasúnta a bheith ag súil leis go gcuirfeadh stáisiúin chraolta tráchtála - go háirithe iad siúd atá inmharthain ó thaobh tráchtála - méid réasúnta de chláir Ghaeilge agus de chláir a bhainfeadh le cultúr na hÉireann san áireamh ina gcuid sceideal. Sa chomhthéacs sin, b'fhéidir go mbeadh sé inmhianaithe go dtabharfaí an chumhacht do "Fhorúdarás" gníomhú go dearfach i limistéir ar nós na hoiliúna agus sindeacáitiú ábhair chraolta d'fhonn cabhrú leis na seirbhísí craolta leibhéil chuí soláthair clár trí Ghaeilge a bhaint amach.

10.26   <u>**Roinnt ceisteanna a ardaítear le haghaidh díospóireachta
sa chaibidil seo:**</u>

(a)   **Cé na bealaí gur chóir don Rialtas leanúint de bheith
páirteach sa chraoladh trí Ghaeilge?**

(b)   **Céard iad na socruithe reachtaíochta ar chóir a
dhéanamh do Theilifís na Gaeilge sa todhchaí? An
mbeadh athrú ar na socruithe riaracháin do Raidió na
Gaeltachta inmhianaithe?**

(c)   An leor na forálacha reachtaíochta atá ann faoi láthair maidir le craoladh trí Ghaeilge ar RTÉ agus ar na seirbhísí craolta neamhspleácha? Ar chóir reachtaíocht nua a chur i bhfeidhm chun a chinntiú go mbeadh méid réasúnta de chláir trí Ghaeilge ar fáil thar an raon iomlán de na seirbhísí craolta?

Páistí mar lucht féachana

Páistí mar lucht féachana

11.1 Tá an teilifís ina chuid thábhachtach den chultúr iomlán ina mbeirtear agus ina bhfásann an páiste agus ina dtagann sé chun cinn mar dhuine fásta. Tá níos mó sa teilifís ná siamsaíocht fhulangach. Déanta na fírinne, is timpeallacht ollmhór shiombalach í ag go leor páistí, ina bhfaigheann siad cothú d'fhorbairt na feasa ag aois óg agus teacht isteach ar phróiseas uile an tsóisialaithe. Den chéad uair i stair ár speicis, ní hiad na tuismitheoirí, na scoileanna, na heaglaisí nó seanóirí an phobail a insíonn formhór na scéalta a insítear faoi dhaoine, faoin dul in aois, faoin mbás, faoin gcumann, faoi ghnéasrólanna, faoi mhionlaigh, agus cuid mhór eile, ach grúpa táirgeoirí i bhfad i gcéin a bhfuil rud éigin le díol acu. Is táirgí na róil a thairgeann siad do pháistí de chórais chasta déantúsaíochta a fheidhmíonn ar fud an domhain.

Tá na páistí ar cheann de na mionlaigh is tábhachtaí ar thug an craoladh seirbhíse poiblí aird ar leith orthu go traidisiúnta. Ní mór aird ar leith a thabhairt ar chumais phróiseála eolais na bpáistí ag aoiseanna éagsúla i ndéanamh agus i roghnú na gclár.

11.2 **Páistí á bhfeiceáil mar thomaltóirí.** Bhí drochéifeacht sóléirithe ag an mbeart fórsaí an mhargaidh a shaoradh ó rialú i roinnt tíortha, áfach, ar theilifís na bpáistí, ag baint di amanna breathnaithe an teaghlaigh ar laethanta seachtaine, ag cur leis an méid fógraíochta atá dírithe ar pháistí atá ró-óg chun a hintinn díolta a thuiscint, ag scrios aon suim i gcláir dhrámata, i nuacht agus i sraitheanna eolais chun fiosracht aigní óga faoin eolaíocht, faoin dúlra agus faoi na healaíona a spreagadh.

Tig linn go leor a fhoghlaim trí thaithí tíortha eile a iniúchadh. Tharla, mar thoradh ar an dírialú i SAM a ndéantar tagairt dó i gCaibidil 3, meath drámata i gcláir oideachais do pháistí agus borradh i gcruthú na bhfógraí ar fhad cláir a dhoiléiríonn tuilleadh fós do pháistí óga an t-idirdhealú idir clár agus ábhar tráchtála. Chuaigh Acht Teilifíse na bPáistí i 1990 cuid den bhealach i dtreo córais nua a bhunú le haghaidh polasaí teilifíse páistí trí cheangal ar na stáisiúin cláir oideachais agus eolais a chur ar fáil, trí theorainn a chur le ham na bhfógraí, trí Mhaoineas Náisiúnta a bhunú le haghaidh teilifís oideachais do pháistí, agus trí ordú a thabhairt don Federal Communications Commission athscrúdú a dhéanamh ar a dhearcadh i leith dírialú fógraí ar fhad cláir.

11.3 **Ag fás suas in Éirinn.** Cé chomh maith agus a fhreastalaíonn an craoladh agus an teilifís ach go háirithe ar pháistí na hÉireann? Cén beart ar leith ar ghá é a thógáil chun a chinntiú go mbeidh a ndóthain acmhainní ar fáil don aicme ar leith seo lucht féachana laistigh de chóras eacnamaíochta na teilifíse? Céard is cumasc sláintiúil clár ann i dtéarmaí cineáil agus na háite as a dtagann siad? Ar chóir go mbeimis imníoch, mar shampla, mura gcuireann trí cheathrú dá mbreathnaíonn páistí óga air aon ghnéithe cultúir ar fáil leis na bunstruchtúir céille agus mothúcháin a samhailtear le saol na hÉireann inniu nó mura dtairgeann an teilifís aon rud do pháistí ar mhar a chéile é leis an aicme nuacht/cúrsaí reatha do dhaoine fásta? Cé chomh maith agus a fhreastalaítear ar na leibhéil éagsúla páistí, ón aois réamhscoile suas go dtí na déagóirí? An bhfuil bealaí ann eadráin a dhéanamh in oideachas na bpáistí, mar shampla trí Staidéar Meán, i dtreo go gcuirtear lena litearthacht amhairc agus nach gcloítear iad leis an iomarca ábhair atá ar fáil, ní hamháin ó RTÉ agus ó stáisiúin eile thalmhaí ach óna oiread seirbhísí satailíte agus soláthraithe físeán atá ar fáil níos mó agus níos mó in Éirinn? An bhfuil meicníochtaí i bhfeidhm a éascóidh aiseolas go dtí na táirgeoirí teilifíse ó thuismitheoirí agus ó mhúinteoirí? Ar chóir go ndéanfadh na rialacháin ama fógraíochta soláthar ar leith i leith na n-uaireanta a mbíonn na cláir dírithe ar pháistí?

11.4 **Roinnt ceisteanna a ardaítear le haghaidh díospóireachta sa chaibidil seo:**

    (a) **Conas a fhreastalaíonn ár seirbhísí craolta ar pháistí in Éirinn?**

    (b) **Ar chóir go mbeadh smacht níos déine ar fhógraíocht atá dírithe ar pháistí?**

2 **Craoladh Oideachais**

Craoladh Oideachais

12.1 Níor baineadh leas as poitéinseal iomlán an chraolta i réimse an oideachais agus sa réimse sóisialta mar gheall ar ghanntanas acmhainní. B'fhéidir go bhféadfaí raon na n-idirnascanna atá i gceist i gcastacht shochaí na linne seo a sheoladh tríd an gcóras craolta. Ag am nuair a chruthaíonn na rátaí arda dífhostaíochta ar fud an domhain na coinníollacha ina mbláthaíonn an ciníochas, is ríthábhachtach go gcuirtear luachanna na caoinfhulaingthe agus na tuisceana chun cinn go hidirnáisiúnta; tá fíordhúshlán ann in athstruchtúrú an chórais chumarsáide ar bhealach a éascóidh é seo.

Is féidir doimhneacht agus ábharthacht chomhaimseartha a thabhairt do ról traidisiúnta na teilifíse eolas, oideachas agus siamsaíocht a thabhairt

■ trí dhíograis, in aois an eolais, cumhacht a thabhairt do shaoránaigh trí sheirbhísí a bhaineann lena gcearta agus lena bhfuil siad i dteideal iad a fháil;

■ trí chabhrú le forbairt phearsanta trí rochtain nua chuig cúrsaí oideachais;

■ trí shiamsaíocht a chur ar fáil a léiríonn luachanna cultúrtha agus gnóthuithe pobail atá muiníneach as a n-ionannas ar leith laistigh den Aontas Eorpach.

12.2 Cúlra. Tá an teilifís ina hacmhainn thábhachtach dár scoileanna. Den chuid is mó b'ionann an craoladh foirmiúil oideachais go scoileanna go dtí seo agus an tionscnamh "Telefís Scoile" a raibh cistiú aige ón Roinn Oideachais. Titeann gnéithe ar leith d'aschur ginearálta raidió agus teilifíse RTÉ isteach in aicme an oideachais agus tá gnéithe oideachais i gcuid mhór d'aschur eile RTÉ. Faoi láthair tá comhoibriú dlúth idir RTÉ agus an tIonad Closamhairc i gColáiste na hOllscoile, Baile Átha Cliath, i dtáirgeadh sraitheanna d'oideachas daoine fásta agus i sraitheanna eile oideachais agus oiliúna.

12.3 Scoileanna. Tig le cláir oideachais atá deartha go sonrach le húsáid i mbunscoileanna agus i meánscoileanna cur le saibhreas eispeiris oideachais an mhic léinn agus leis an tacaíocht curaclaim do mhúinteoirí. Ina leith seo is fiú a thabhairt faoi deara, áfach, go raibh titim le linn na tréimhse ó 1988 go 1992 san aschur teilifíse oideachais ó chraoltóirí seirbhíse poiblí na hEorpa tríd is tríd ar chosúil go léiríonn sé athruithe i ndearcadh daoine ar conas ba cheart a leithéid d'ábhar a chur trasna. Tá i bhfad níos mó béime anois ar fhíschaiséid a úsáid seachas breathnú ar chraolta ag amanna nach bhfeileann i gcónaí i gcomhthéacs sceideal na ranganna i scoileanna. Tá roinnt tíortha tar éis an fhreagracht cláir oideachais a chraoladh a thabhairt do shaineagraíochtaí craolta. B'fhéidir go míníonn sé seo cuid den titim ar chosúil é a bheith ann.

12.4 **Foghlaimeoirí ar Feadh a Saol.** Níl an t-oideachas agus an oiliúint teoranta do bhlianta an oideachais fhoirmiúil níos mó ach síneann siad ar feadh shaol uile an duine. B'fhéidir go gcaithfear modhanna nua agus solúbtha a fhorbairt le haghaidh soláthair agus seachadta ábhar oideachais, úsáid na meán craolta san áireamh, go dtí an pobal i gcoitinne, ag cinntiú cothroime rochtana do idir lucht bailte agus tuaithe, agus lucht beagdheise.

12.5 **Ardoideachas.** Cuireann taithí idirnáisiúnta, e.g. Open University na Breataine, i gcéill gur feithicil éifeachtach é an craoladh chun cúrsaí oideachais tríú leibhéil a sheachadadh. Níos luaithe i mbliana tháinig deireadh leis an gcéad chúrsa deimhnithe ollscoile riamh a seachadadh le satailít. D'úsáid an "European Virtual Classroom" idirghníomhaíocht a bhí bunaithe ar shatailít agus ar theileafón chun teagasc ó i bhfad i gcéin. Tacaíonn an tAontas Eorpach anois le teilifís satailíte le haghaidh oideachais agus oiliúna mar a léiríonn:

(i) Tionscadal DELTA

(ii) An Cainéal Satailíte EUROSTEP - eagraíocht neamhbhrabúsach d'institiúidí agus comhlachtaí atá gníomhach i réimse an oideachais agus na hoiliúna ag úsáid ilmheáin agus satailítí chun oideachas agus oiliúint a chraobhscaoileadh ar fud na hEorpa.

(iii) EUROFORM, clár laistigh de Chiste Sóisialta na hEorpa, atá tar éis cúrsa seachadta le satailít ó Choláiste na hOllscoile, Baile Átha Cliath, díreach go dtí Fiontair Bheaga agus Meánacha a chistiú.

Ba cheart a nótáil go mbeadh an bonneagar le haghaidh foghlaim-ó-i-bhfad-i-gcéin atá curtha i suíomh cheana féin ag an gComhairle Náisiúnta Cianoideachais (NDEC) ina bhonn nádúrtha le tógáil air. Baineann céim Chianoideachais Idirollscoile an NDEC sa Sruithléann, mar shampla, úsáid as pacáistí téacsbhunaithe féinteagaisc, ullmhaithe ag lucht acadúil sna sé ollscoileanna atá ag glacadh páirte, le tacaíocht roinnt ábhair chlosamhairc agus teagaisc phearsanta i 15 ionad staidéir ar fud na tíre. D'fhéadfadh craolta i réimse ginearálta na n-ábhar sruithléinn, cláir raidió agus teilifíse táirgthe go speisialta, cláir chartlainne agus léachtaí craolta, cur le cur i láthair ábhair na gcúrsaí.

Cé chomh mór agus a chuirfidh na teicneolaíochtaí nua le cumais thraidisiúnta seo an chraolta? Ceadaíonn an t-ísliú i gcostas na rochtana ar ghlún nua satailíte méadú in úsáid satailíte i gCianoideachas i Meiriceá Thuaidh, áit a bhfuil éifeacht mhaith le baint as an gcostas teagmháil le grúpaí sách beag mic léinn, ag éascú, mar sin, leibhéal ard idirghníomhaíocht leis na mic léinn. Cheadódh mórbhealach digiteach ag nascadh na gcoláistí tríú leibhéal in Éirinn (a bhfuil cuid mhaith d'ionaid staidéir an NDEC suite iontu) comhdháileadh físe a úsáid, leis féin, chun léachtaí agus teagasc a sheachadadh, nó mar aon le craolta talmhaí, chun nascadh le stiúideo craolta chun tuilleadh éifeachta a thabhairt d'idirghníomhaíocht idir mac léinn agus léachtóir. Tá an teileafón, an facs agus e-phost in úsáid cheana féin chuige seo.

Ba chosúil go bhfuil sé an-fheiliúnach ag an bpointe seo ama, agus an sprioc méadú a chur leis an rochtain ar oideachas ag teacht aghaidh ar aghaidh le réaltachtaí eacnamaíocha na gcóras seachadta, poitéinseal oideachais na dteicneolaíochtaí nua eolais agus cumarsáide a iniúchadh.

12.6 An Todhchaí. Glacfaidh an craoladh agus na teicneolaíochtaí nua páirt shuntasach sa chomhpháirtíocht chun timpeallacht oideachais fhuinniúil agus chruthaitheach a chruthú don chéad chéad eile. Faoi láthair b'fhéidir go bhfuil an iomad tionscadal nua agus corraitheach atá ag feidhmiú scoite amach óna chéile. B'fhéidir go gcuideodh cineál comhordaithe agus cistithe lárnaigh chun buntáistí na bhforbairtí seo a uasmhéadú. Ar chóir go mbeadh aon chomhordú dá leithéid faoi chúram údaráis chraolta nó údaráis oideachais? Cén struchtúr is fearr a chinnteodh go mbeadh an teicneolaíocht ina seirbhíseach ag na hoideachasóirí, seachas a mhalairt? I leith infhaighteacht na minicíochtaí craolta talmhaí, ba cheart a nótáil, le bunú Theilifís na

Gaeilge agus má bhunaítear cainéal teilifíse neamhspleách, go mbeidh cion iomlán na hÉireann den speictream minicíochta le haghaidh cainéil náisiúnta teilifíse caite. Mar sin bheadh ar aon chainéal dá leithéid líonra tarchurtha a roinnt le cainéal eile. Ba chóir go n-imeodh an t-iallach seo, ar ndóigh, le teacht an tarchurtha dhigitigh, ach is rogha fhadtréimhseach é seo. B'fhéidir nach iallach tromchúiseach é an t-iallach seo. Bheadh sé indéanta, i gcónaí, cláir oideachais a chraoladh i gcaitheamh na hoíche le taifeadadh ar fhístaifeadáin. Bheadh saoirse ag na scoileanna na hábhair chraolta a úsáid ag na hamanna a fheileann dóibh féin.

12.7 **Cistiú.** Cistítear cláir a bhaineann le hoideachas a chraolann RTÉ ón ioncam ginearálta craolta faoi láthair, ioncam ó na táillí ceadúnais san áireamh. Theastódh foinse suntasach ar leith chun struchtúr níos foirmúla le haghaidh craoladh oideachais a bhunú. Ar chóir gurbh í an Roinn Oideachais an foinse cistithe seo mar ab ea i gcás Telefís Scoile nó ar chóir go dtiocfadh sé ón ioncam ó na ceadúnais, ó urraíocht nó ó fhoinsí eile? Má tá an craoladh oideachais le comhtháthú i bpolasaí oideachais trí chéile ba chosúil gur chóir go mbeadh ionchur suntasach aige ón Roinn Oideachais.

Dá mbeadh ioncam ó na táillí ceadúnais le cionroinnt chuige seo, áfach, ba chirte dá mbeadh an tÚdarás molta a luaitear i gCaibidil 4 thuas ag déileáil leis le hionchur polasaí ón Roinn Oideachais. Ós rud é, ag glacadh leis go mbeidh ceithre chainéal náisiúnta ag feidhmiú, go mbeidh, sa todhchaí intuartha, ar chraoladh talmhaí seirbhíse foirmiúla oideachais líonra tarchurtha a roinnt le cainéal atá ann cheana féin, is dócha go bhfuil sé níos feiliúnaí go mbeadh aon struchtúir fhoirmúla chun an tseirbhís a riar faoi stiúir údaráis chraolta.

12.8 <u>**Roinnt ceisteanna a ardaítear le haghaidh díospóireachta sa chaibidil seo:**</u>

    (a)   **An bhfuil ról ag na seirbhísí craolta sa chóras oideachais?**

    (b)   **Má tá, conas is féidir úsáid a bhaint as na teicneolaíochtaí nua chun na críche sin?**

    (c)   **Céard é an struchtúr riaracháin is oiriúnaí?**

    (d)   **Cén bealach is cóir craoladh oideachais a chistiú?**

3 Nuacht agus Cúrsaí Reatha

Nuacht agus Cúrsaí Reatha

13.1   I láthair na huaire tá soláthar clár nuachta agus cúrsaí reatha ar leibhéal náisiúnta faoi smacht eagarthóireachta comhlachta amháin, Údarás RTÉ. Ba é ceann de na cuspóirí a bhí taobh thiar d'achtú an Achta Raidió agus Teilifíse, 1988, trí sholáthar a dhéanamh don fhéidearthacht seirbhís náisiúnta raidió neamhspleách agus seirbhís náisiúnta teilifíse neamhspleách a bhunú, ná deis a chruthú do lucht féachana agus éisteachta na hÉireann rogha a bheith acu i leith ionramh eagarthóireachta clár nuachta agus cúrsaí reatha laistigh d'iallacha na n-éileamh reachtúla i leith na hoibiachtúlachta, na neamhchlaontachta, etc. Ós rud é gur theip ar an seirbhís raidió neamhspleách agus nár tháinig an tseirbhís teilifíse neamhspleách ar an bhfód, níor baineadh amach an cuspóir sin. Is í an cheist ná an cuspóir fiúntach é seo fós? Creideann an Rialtas gurb ea.

13.2   **An Teilifís.** Má tá fiúntas sa chuspóir, b'fhéidir go bhfuil cás ann, a fhad is nach dtagann tríú seirbhís teilifíse neamhspleách ar an bhfód, an deis a sholáthar i reachtaíocht chun seirbhís nuachta agus cúrsaí reatha, nach mbeadh faoi smacht rialú eagarthóireachta RTÉ, a sholáthar ar cheann de na cainéil teilifíse atá ann faoi láthair ag páirtí neamhspleách ar bhonn tráchtála. Dá nglacfaí leis an smaoineamh "Forúdarás" a bheith ann thitfeadh sé ar an údarás sin a leithéid de sheirbhís a eagrú agus a ionad i sceideal na gclár a shocrú.

13.3   **Raidió.** Mar a dúradh cheana féin tá teipthe ar an tseirbhís náisiúnta raidió. Fanann an chumhacht reachtúil a chuireann ar chumas an Choimisiúin um Raidió agus Teilifís Neamhspleách conradh a dhéanamh le hoibreoir eile. Sholáthair an conraitheoir neamhspleách raidió náisiúnta seirbhís náisiúnta agus idirnáisiúnta nuachta don earnáil raidió neamhspleách. Ó d'imigh an conraitheoir raidió náisiúnta tá seirbhís á sholáthar don earnáil seo ar mhodh eile.

Is gné thábhachtach iad na cláir nuachta agus cúrsaí reatha i sceidil na stáisiún áitiúl raidió agus comhlíonann siad cuspóir an Rialtais i leith rogha don éisteoir sa réimse seo. Tagann an cheist an leor na socruithe atá ann faoi láthair. An bhfuil cás ann áisínteacht nuachta náisiúnta agus idirnáisiúnta a bhunú chun seirbhís nuachta a sholáthar don earnáil neamhspleách raidió ar bhonn tráchtála? Má tá forbairt dá leithéid inmhianaithe, bheadh sé costasach. Glactar leis go bhfuil cláir nuachta agus cúrsaí reatha ar cheann de na haicmí clár is costasaí sa chraoladh. An mbeadh seirbhís dá leithéid inmharthain ó thaobh tráchtála nó an mbeadh gá ann le tacaíocht airgeadais? Dá mbeadh gá le fóirdheontas do sheirbhís dá leithéid, cé as a thiocfadh an fóirdheontas sin - ó na táillí ceadúnais, ó cháin ar ioncaim na hearnála neamhspleáiche ó fhógraíocht, nó ón Státchiste? B'fhéidir go mbeadh comhsheirbhís ag soláthar nuachta agus cúrsaí reatha don teilifís mar a luaitear i bparagraf 13.2, agus nuachta agus cúrsaí reatha don raidió, tarraingteach ó thaobh tráchtála.

13.4 <u>**Roinnt ceisteanna a ardaítear le haghaidh díospóireachta
sa chaibidil seo:**</u>

(a) Ar chóir go mbeadh deis ag lucht féachana agus éisteachta rogha a bheith acu i leith ionramh eagarthóireachta clár nuachta agus cúrsaí reatha?

(b) Conas is féidir rogha dá leithéid a chur ar fáil ar raidió agus ar theilifís ar bhonn náisiúnta in éagmais seirbhísí náisiúnta raidió agus teilifíse neamhspleácha?

(c) An bhfuil cás ann d'áisínteacht nuachta náisiúnta agus idirnáisiúnta chun seirbhís nuachta a sholáthar don earnáil neamhspléach ar bhonn tráchtála?

(d) An mbeadh seirbhís dá leithéid inmharthain ó thaobh tráchtála nó an mbeadh gá ann le tacaíocht airgeadais?

Cuótaí sa chraoladh

Cuótaí sa chraoladh

14.1 Ceanglaítear ar na conraitheoirí neamhspleácha raidió in Alt 9 (1) c(i) den Acht Raidió agus Teilifíse, 1988, 20% den am a thabhairt do chláir nuachta agus cúrsaí reatha, cé go gceadaítear laghdú air seo. Níl aon cheanglas dá leithéid ann i leith Radió 1 RTÉ, FM2 nó Cork 89FM ar iomaitheoirí iad de chuid na gconraitheoirí seo.

Áitíodh go raibh éifeacht mhór ag an dualgas seo ar inmharthanacht roinnt stáisiún; ar an taobh eile tá creideamh ann nach mbainfear amach caighdeán inghlactha chraolta mura gcuirtear i bhfeidhm leibhéal íosta a mbeifí ag súil leis i leith nuachta agus cúrsaí reatha.

An bhfuil cás ann an leibhéal seo clár nuachta agus cúrsaí reatha a mhaolú, agus b'fhéidir cuóta dá leithéid a chur i bhfeidhm ar sheirbhísí raidió RTÉ?

14.2 Ardaíodh an cheist ó am go chéile gur cheart, chun spreagadh a thabhairt d'earnálacha éagsúla na n-ealaíon, cuótaí a shocrú le reachtaíocht dá leithéidí de ghníomhachtaí. Le deireanas chuir an Coimisiún um Raidió agus Teilifís Neamhspleách éileamh cuóta neamh-reachtúil i bhfeidhm ar na craoltóirí neamhspleácha i leith úsáid taifeadtaí agus ealaíontóirí Éireannacha. Tá an Coimisiún i bhfabhar chóras ar leith reachtaíochta chun an cuspóir a neartú, ceann a bhainfeadh freisin le Raidió 1 RTÉ, le 2FM agus le Cork 89FM. Ina leith seo, ní féidir aon amhras a bheith ann ach go bhfuil ról fíorthábhachtach ag na comhlachtaí ceirníní Éireannacha i leith ceoil de bhunús Éireannach a thaifeadadh agus a chur chun cinn agus i leith cultúr na hÉireann a chur chun cinn. Tuigeann an Rialtas freisin gur leagadh síos ceanglais reachtúla i leith an méid ama craolta ar chóir a thabhairt d'aicmí ar leith clár. I dtír amháin cruthaíodh ciste ar leith d'fhonn léirithe craolta den chultúr náisiúnta a spreagadh.

14.3 Ní spreagfadh an taithí in áiteanna eile le húsáid cuótaí reachtúla le haghaidh aicmí ar leith clár an Rialtas chun dul síos an bóthar sin áfach. Is uirlis mhaol dholúbtha atá sa mheicníocht. Má tá sé istigh sa reachtaíocht ní mór an cuóta a chomhlíonadh. Is é an méid seachas an caighdeán, mar sin, a thagann mar chritéir. D'fhéadfadh an lagmheasarthacht a bheith mar an gnáthrud má chinntítear go gcraolfar saothar ealaíontóirí agus cumadóirí. D'fhéadfadh, mar thoradh, go n-éireodh na cláir leamh gan samhlaíocht agus is dócha go dteipfeadh orthu riachtanais agus mianta an lucht éisteachta nó féachana a bhfuiltear le freastal orthu a léiriú. Cuirfear san áireamh aon tuairimí contrárthacha i leith na ceiste seo i bhfoirmliú moltaí le haghaidh reachtaíocht nua craolta áfach.

14.4 **Roinnt ceisteanna a ardaítear le haghaidh díospóireachta sa chaibidil seo:**

(a) **An dtéann cuótaí i ndáil le hábhar clár chun leasa an lucht féachana agus éisteachta i gcoitinne?**

(b) **An bhfeidhmíonn cuótaí chun leasa na hearnála closamhairc?**

Caibidil a Cúig Déag

5 Craoladh idirnáisiúnta

Craoladh idirnáisiúnta

15.1 Oibríonn go leor tíortha seirbhísí craolta idirnáisiúnta ar chúiseanna éagsúla, e.g. chun dearcadh náisiúnta a chur trasna chuig lucht éisteachta nó féachana idirnáisiúnta, chun fanacht i dteagmháil le himircigh, etc. Is é Rialtas na tíre a chistíonn cuid de na seirbhísí seo go hiomlán agus cistítear cuid eile ó ioncam ó tháillí ceadúnais nó eile. I gcoitinne ceanglaítear an craoladh idirnáisiúnta in aigne dhaoine le fuaimchraoladh ar na gearrthonnta. Le deireanas tá satailítí á n-úsáid chun seirbhísí fuaimchraolta a tharchur go hidirnáisiúnta agus tá cultúr na héisteachta leis an raidió le cabhair shatailíte, lena glacadh saor ó thrasnaíocht, ag fás. Tá líon na seirbhísí idirnáisiúnta teilifíse atá á dtarchur le satailít ag méadú an t-am ar fad.

15.2 Sa timpeallacht idirnáisiúnta craolta is dócha nach dtig leis na stáisiúin chraolta seirbhíse poiblí brath ar straitéis náisiúnta amháin má tá siad le maireachtáil. Beidh orthu táirge a tháirgeadh don todhchaí ar féidir é a onnmhairiú. Nuair is ann don teicneolaíocht nua agus nuair atá an costas dáilte satailíte de shíor ag laghdú ar chóir go leagfaí an cúram ar RTÉ go foirmiúil dul i ngleic leis na hÉireannaigh atá scaipthe ar fud an domhain. Laistigh den Eoraip an bhfuil cás ann le haghaidh cainéal satailíte seirbhíse pobail, le cistiú ó Choimisiún na hEorpa mar chuid dá straitéis tionscal clár na hEorpa a neartú i gcomhthéacs Pholasaí Chlosamhairc an Aontais Eorpaigh. Ós rud é gur dócha gurb iad na cainéil raidió agus teilifíse satailíte an bhagairt is mó ar inmharthanacht leanúnach airgeadais na gcraoltóirí seirbhíse poiblí ba cheart cúnamh a thabhairt do na craoltóirí seo an chaoi chéanna a úsáid chun cláir ardchaighdeáin a dháileadh ar fud an Aontais.

15.3 Chinn an Rialtas go deireanach sna 1940í stáisiún gearrthoinne Éireannach a bhunú ach éiríodh as an tionscadal. Cé go bhfuil mothú eachtraíochta ag baint le héisteacht leis na gearrthonnta, tá siad míshásúil mar mheán craolta. Chun clúdach a chur ar fáil teastaíonn go leor tarchuradóirí ag feidhmiú ar mhinicíochtaí éagsúla ag amanna éagsúla den lá agus ag amanna éagsúla den bhliain. Bíonn an glacadh guagach agus ní bhíonn an caighdeán ard. Mar gheall air seo ní mheallann sé lucht éisteachta mór agus níl bandaí gearrthonnta ar an ngnáthghlacadóir raidió.

15.4 Más é atá mar chuspóir ná seirbhís iontaofa idirnáisiúnta raidió a chur ar fáil ba chosúil gurb fhearr mar rogha satailítí a úsáid. Bheadh ar éisteoirí infheistiú a dhéanamh sa trealamh glactha cuí chun an tseirbhís a fháil. D'fhéadfaí, ar ndóigh, an tseirbhís a leaschraoladh ar chórais chábla ag feidhmiú i limistéar freastail an chraolfhreagróra a roghnaítear. Bheadh leaschraoladh na seirbhíse ar na córais chábla sin ag brath ar éileamh na dtomhaltóirí agus ar na cinntí tráchtála a dhéanfadh na hoibreoirí cábla.

15.5 Soláthraíonn RTÉ seirbhís raidió 24 huaire an chloig don Eoraip ag baint úsáide as an satailít Astra. Cuimsíonn an tseirbhís Raidió 1 ina iomlán agus 2FM ina dhiaidh ar feadh na hoíche. Soláthraíonn RTÉ seirbhís clár 3.5 uair an chloig ar satailít go Meiriceá Thuaidh gach lá agus tá súil acu de réir a chéile gur féidir an tseirbhís a leathnú chun na 24 huaire ar fad a chlúdach. Tarchuireann seirbhís neamhspleách raidió a sheirbhís chun na hEorpa ar satailít chomh maith. I gcoinne an chúlra seo, ní mór na ceisteanna a chur an bhfuil gá ann le tuilleadh seirbhísí chun leasa na tíre agus, má tá, arbh fhéidir iad a chosaint ó thaobh eacnamaíochta, conas a chisteofaí iad, agus, go mór mór, an mbeidís ina meán tarraingteach fógraíochta ag gnóthaí Éireannacha atá ag trádáil go hidirnáisiúnta, cé na cláir a sholáthrófaí, agus cé a sholáthródh iad.

15.6 Nótálann an Rialtas go bhfuil an tseirbhís raidió "Atlantic 252" a bhfuil scaireanna mionlaigh ag RTÉ inti, ag craoladh clár ar an minicíocht fhadtoinne atá cionroinnte ar Éirinn, dírithe ar an Ríocht Aontaithe. Is ábhar machnaimh é, nuair a éagann an t-aontú reatha i leith úsáid na minicíochta, an bhféadfaí úsáid eile a dhéanamh de chun leas na tíre. Mar shampla, an mbeadh clúdach Raidió 1 sa Ríocht Aontaithe níos fearr ar an tonn fhada ná ar an meántonn? Go deimhin an mbeadh glacadh Raidió 1 in áiteanna in Éirinn níos fearr ar an tonn fhada ná ar an meántonn?

15.7 Ar leith ó infhaighteacht seirbhísí craolacháin Éireannacha go hidirnáisiúnta an gá, sa timpeallacht reatha, breithniú a dhéanamh le fáil amach an ceart creat rialála a bheith ann chun freastal ar bhunú agus tarchur seirbhísí craolacháin ó Éirinn ar bhonn tráchtála amháin, gan aon ghaol cultúrtha áirithe leis an tír. Dá ndéanfaí seirbhísí den sórt sin sa tír seo, d'fhéadfadh buntáiste eacnamaíochta a bheith ag gabháil leo trí chruthú fostaíochta agus saothrú an bhonneagair teileachumarsáide. Chomh maith le haon chóras rialála Éireannach a urramú bheadh ar sheirbhísí den sórt sin déanamh de réir Threoir an AE - Teilifís gan Teorainneacha.

15.8 **Roinnt ceisteanna a ardaítear le haghaidh díospóireachta sa chaibidil seo:**

(a) Ar chóir don chraoladh seirbhíse poiblí leas a bhaint as teicneolaíocht saitilíte chun lucht féachana agus éisteachta idirnáisiúnta a shroichint?

(b) An bhfuil gá le seirbhís craolta idirnáisiúnta chun leasa na tíre agus, má tá, conas a chisteofaí í agus cé a dhéanfadh seirbhís dá leithéid a oibriú?

(c) Ar chóir craoladh idirnáisiúnta ó Éirinn a cheadú ar bhonn tráchtála amháin? Más cóir, conas a rialófaí craoladh dá leithéid?

Ceisteanna comhchruinniú úinéireachta agus trasúinéireachta

Ceisteanna comhchruinniú úinéireachta agus trasúinéireachta

16.1 Mar a bheadh intuigthe, is leis an earnáil neamhspleách amháin a bhaineann na forálacha reachtúla i láthair na huaire i leith na nithe seo. Ansin go fiú tá na forálacha de chineál spreagthach níos mó ná oibleagáideach. Ní dhéanann Alt 6 den Acht Raidió agus Teilifíse, 1988, ach a cheangal ar an gCoimisiún um Raidió agus Teilifís Neamhspleách, agus iarratais á meas le haghaidh conradh fuaimchraolta, aird a bheith acu ar an inmhianaitheacht go gceadófaí d'aon duine nó d'aon ghrúpa daoine smacht a bheith acu ar, nó leas suntasach a bheith acu i, méid nach gá de na seirbhísí fuaimchraolta nó smacht a bheith acu ar, nó leas suntasach a bheith acu i, méid nach gá de na meáin chumarsáide sna ceantair atá á gclúdach ag na conarthaí fuaimchraolta.

16.2 Go leithleach de réir pholasaí an Rialtais i leith na hearnála leathStáit spreagadh RTÉ chun gníomhaíochtaí coimhdeacha a fhorbairt. Léiríodh an t-imní gur tháinig RTÉ thar teorainn ar réimsí gníomhaíochta a bhfuil an earnáil phríobháideach ag soláthar áiseanna sásúla iontu agus nach soláthraítear trédhearcacht iomlán sa chaoi a gcionroinneann RTÉ costais chun a leithéidí de ghníomhaíochtaí. Is ann, mar sin, d'imní dlisteanach nach bhfuil RTÉ ag gearradh táillí eacnamaíocha do sheirbhísí dá leithéidí agus/nó go mb'fhéidir go bhfuil ar a chumas mí-úsáid a bhaint as a ionad ceannasach. I measc na samplaí d'imeachtaí dá leithéidí ar chosúil go mbaineann siad le hábhar tá soláthar stiúideonna taifeadta agus foilsiú ceoil.

16.3 Tá an tuairim ann gurb éagothrom an tsaoirse atá ag RTÉ a chuid gníomhaíochtaí féin, agus gníomhaíochtaí a bhfuil baint aige leo, a chur ar aghaidh trína seirbhísí raidió agus teilifíse gan an cur ar aghaidh sin a chur i gcuntas nuair atá ríomh á dhéanamh ar an méid ama craolacháin a chaitear ar fhógraíocht.

16.4 Tá roinnt ceisteanna le scrúdú faoin gceannteideal seo:

    (i)   I gcás na hearnála neamhspleáiche craolta an bhfuil an reachtaíocht faoi láthair sách láidir chun a chinntiú go gcothaítear iolracht inmhianaithe úinéireachta ar na meáin chumarsáide agus nach dtig leis an earnáil neamhspleách teacht thar teorainn go míchothrom ar mhargadh na meán clóite, go mór mór;

(ii)   I gcás RTÉ, (a) conas ba cheart an tsaoirse thráchtála atá aige i leith gníomhaíochtaí coimhdeacha, ag roinnt le tras-fhóirdheonú, b'fhéidir, a bheith trédhearcach, i dtreo nach dtagann aon mhí-úsáid mar thoradh air, agus go bhfeicfí é ag cur le córas sa chraoladh sa chiall is leithne; agus (b) leis an ról ceannasach atá ag RTÉ mar chraoltóir agus lena thábhacht do scríbhneoirí agus do chumadóirí, conas ba chóir do RTÉ, ina ghníomhaíochtaí coimhdeacha, meas do shaoirse agus do dhréim na saothraithe cruthaitheachta seo a chinntiú i dtreo nach bhfuil rochtain a gcuid saothair chuig tonnta an aeir ceangailte le cearta tráchtála a fháil?

Cuirfear aon tuairimí a fhaightear faoi na ceisteanna seo san áireamh agus reachtaíocht úr chraolta á ceapadh.

16.5   **Roinnt ceisteanna a ardaítear le haghaidh díospóireachta sa chaibidil seo:**

(a)   **Ar chóir go mbeadh saoirse ag RTÉ a chláir agus a chuid gníomhaíochtaí neamh-chraolta a chur ar aghaidh thar a chuid seirbhísí craolta uile?**

(b)   **An leor an reachtaíocht atá ann faoi láthair d'fhonn iolracht úinéireachta ar na meáin chumarsáide san earnáil neamhspleách a chinntiú?**

(c)   **Conas is féidir trédhearcacht a chinntiú i ngníomhaíochtaí coimhdeacha RTÉ?**

(d)   **Conas is féidir cosaint a chur i bhfeidhm ar aon mhí-úsáid ag RTÉ den ról ceannasach atá aige sa chraoladh?**

Contents

Chapter One

Introduction

Introduction

1.1   The need to put the Irish broadcasting sector back on a sound legislative footing comes at a time of intense change in Europe, change that is happening at an accelerating pace in a vexed continent, flooded with virtually instantaneous information, circulated by ever more sophisticated technologies. This is most dramatically evident in Eastern and Central Europe, but in Western Europe too, where converging technological, economic and political forces threaten the relative autonomy of broadcasting from government and market forces, forces which also create concern about cultural identities.

1.2   The process of globalisation which information flows facilitate means that complex networks of power reside less and less in a unified territorial site or bloc and increasingly in decentralised global companies and institutions. In the run up to the next millennium, we are witnessing a momentous transformation of a system of national economies into a globally integrated one, in which capital moves rapidly around the globe with little regard for national boundaries or national regulations. National sovereignty is becoming a leaky vessel for political autonomy. Cultural industries, including broadcasting, are undergoing deep change under the influence of forces that go beyond the policy-making of national governments.

1.3   New technologies are crucial to this process of globalisation. Powerful transnational markets drive imagery and data with ease across national boundaries along pathways opened up by new information and communication technologies. The non-stop flow of financial information through currency trading rooms allows dealers to track in `real time' the flow of capital into and out of national economies, and thus conduct a kind of plebiscite on the monetary policies of sovereign governments. The increasing use of mobile satellite communications systems by broadcasters give citizens and governments alike a real time `you are there' experience of a desert battlefield many time zones away.

1.4   **The Cultural Process**. With the centrality of mediated experience in contemporary living, the meaning of `local' and `national' is not so clear any more as social relations in any one place are increasingly affected by distant events. The sense of accelerating change associated with globalisation means not only that there is a radical compression of space-time, where everything has literally become more immediate, but there is also a rupture between present and past, a new temporal consciousness which is enhanced by our communicative abilities at a global level.

1.5 This has a profound effect on culture as a process of self-understanding through which humanity creates forms in which it can have awareness of itself and give meaning to life. A sense of time and space today for many people is of television and radio time, infused with a sense of the transient, fragmentary and ephemeral nature of modern life. For young people in many parts of the world, this can be manifested in an insatiable desire for new experiences, a subservience to fashion generated by the cycles of industrial production and a restless dissatisfaction with the inability of the products of the global economy to match up to expectations. This, in turn, can foster a culture of narcissism in which citizens become mere instruments in the reproduction of a triumphant global consumer culture, dependent on imported goods and imported images.

1.6 What it means to have an identity in today's world is profoundly influenced by cultural forces. Just as individual identities can be strong, weak, disordered, confused or in crisis, so too can whole societies suffer identity crises if they lose hold of a sense of continuity with their past and become lost or confused through cultural amnesia. Pressures towards globalisation, however, can undermine the anchoring of identity in the local environment and the imagined community of the nation. The new consciousness of the present associated with modernity implies the end of a sense of the customary, of a given order based on the power of the `taken for granted' tradition which legitimates everything that is done in the present.

1.7 Alienation from the criteria by which we build our lives is a deeply unsettling kind of awareness that must be taken on board in any thinking about the role of the media in contemporary life. Societies in many parts of the world now have to invent new ways of dealing with this loss of faith in custom as the justification for continuity of the way things have always been. One manifestation of this dissolving of social identities within space and over time, and the subjective disturbance it causes, is the tendency towards nostalgia in tourism and the `museumisation' of heritage. And yet, national identities seem to survive, albeit in new modes, in this increasingly globalising world propelled by international communication systems and information flows. Across Europe, a complex weave of collective identities, deeply rooted in cultural memories, reveal themselves in the fissiparous pressures working within formerly "unified" territories. In the East, previously submerged and silenced collective identities and voices are asserted within a new political and communication order. In the West, the European Union experiences both centrifugal and cen-tripetal pressures, as vibrant regional identities discover new voices in the midst of the move towards unification. These events belie the claim that the lure of nationalism, that is, a pole of collective identity based on shared memory as the storage system of a social order associated with a particular place, is now obsolete.

1.8   **The Broadcasting Context.** Broadcasting exists today within these contradictions. As a mode of publication communication, it is strongly charged with opposite meanings, of promise and threat. It can be the motor of modernisation, cultural innovation, social transformation, even democratisation. It can cultivate a healthy public sphere in which national self-confidence flourishes and is orientated towards the future as a set of challenges to be met in a progressive way. It can critically interrogate a nation's history, culture and identity and offer a vantage point for the renewal of that heritage. But broadcasting can also be a threat, pitting profit motive against collective rights, deterritorialised imperialism against minority cultural needs. It can disfigure us politically, homogenise us linguistically, and depress our inclination for cultural expression. A primary objective of this Green Paper is to stimulate debate on ways in which, through legislation, we can maximise the promise and reduce the threat.

In order to set Irish broadcasting on a secure foundation for the 21st century, developments in the international order must be carefully weighed, not only the general tendencies towards globalisation already referred to but also changes specifically related to the audiovisual industries. Over the last several decades, the poorer nations of the South speaking from a position of political, technological, economic and cultural marginality, succeeded in keeping on the agenda of UNESCO centred debates an awareness of a particular form of dependency in which information and communication technologies play a major role. These debates were informed by the belief that there is a complex neo-colonial relationship between ideological domination of weak national cultures in the unbalanced flow of information and their economic domination by a handful of major Western states and multinational corporations. The unrelenting application by these vested interests of economic and political force to UNESCO during the early 1980s have slowed these debates, but not completely derailed them.

1.9 **The Dangers of Domination.** Patterns of domination and dependency are, in fact, stronger today than they were when the MacBride Commission set up by UNESCO issued the call for a New World Information and Communication Order (NWICO). New technologies of audiovisual production and delivery have brought ever more powerful multinational corporations into the arena of public communication. These corporations are frequently cushioned in an ideological environment that promotes capital and the free place of market forces as the necessary and sufficient condition of democracy, while masking the anti-democratic conditions of unequal development that are simultaneously unleashed. The crisis is acutely visible in Central and Eastern Europe today as essential information resources, with the co-operation of internal political groupings, are increasingly coming under the control of foreign capital and the political influence of foreign governments. These outflows of sovereignty make it difficult to articulate a vision for the development of those societies along the lines of the dream of a democratic civil society that inspired the reform movements of the 1980s, reform movements that finally ousted Communism. In spite of these difficulties, the Council of Europe is making efforts to encourage the emergence of public service broadcasting values in Central and Eastern Europe.

1.10 Are we immune from such international pressures in Ireland? With the growing convergence of the telecommunications, television and film industries at every level, many aspects of the regulation of the communication order are now moving from the area of national sovereignty into two new key international policy-making arenas, the EU and GATT, both existing in an institutional context that is much more attuned to industrial and marketing arguments than to cultural sensitivities. The inclusive nature of the last round of GATT negotiations is a reminder that the US audiovisual industry is still dominant globally and this domination includes the cinema and television screens of Europe. Close to 80% of European film revenues, for instance, are generated by North American products, whereas a similar percentage of European films never leave their country of origin.

1.11 The US audiovisual sector is positioned in an unassailable globally dominant vantage point. Corporate synergies allow mega-corporations to minimise their financial risks by managing their products across many different domestic and global markets. This restructuring combines with cultural synergies to produce a transindustrial recycling of cultural artifacts across a wide range of media and consumer products aimed particularly at the child market. Innovative financial arrangements are constantly being developed in response to the high-risk nature of cultural production, including the off-shore placement of copyrights and the pre-sale of cinema, television and video rights, which can recoup costs even before a script goes into production.

1.12 The practical outcome of this hegemonic thrust towards a global 'leisure empire' is that European viewers are restricted to a limited cultural repertoire of foreign products, distributed by a few large producers, and consume a very heavy diet of screen media products whose cultural reference point is thousands of miles away. It also means that indigenous talent and production capacity, in Europe generally and in Ireland in particular, is suppressed and jobs are exported.

1.13 The US audiovisual industries supported, understandably from their perspective, by their Government have argued against state support for the audiovisual sector in the European Union and press for the removal of quotas and subsidies designed to protect and develop the European cultural industries. Negotiations on these issues, stalled at the end of the Uruguay Round, will no doubt have to resume, the objective being, from an American perspective, to clear away all remaining trade barriers.

While there is little opposition to this pressure for increased access to European screens in East and Central Europe, the European Union has been spurred by the dominant position of the audiovisual industry in the Union to create policies to strengthen its own audiovisual space by attempting to engineer a convergence of its members' media and cultural policies. There is a new awareness in the European Union, at least, of the need to link the development, application and control of new communication technologies with the maintenance of collective identities through an agreed audiovisual policy.

1.14 **The Policy Implications.** This emerging EU policy which will affect Ireland profoundly, is three-pronged in its thrust:

1. to harmonise, and possibly restructure, the television broadcast market;

2. to intervene in the structures for the production and distribution of films and television programmes;

3. to foster a common European approach to the development of communications hardware.

These moves throw up questions that need to be answered from an Irish perspective. What are the implications arising from the extension of the Union's competence to cultural policy, which has traditionally been within the remit of an exclusively national competence, by virtue of Article 128 of the Maastricht Treaty? How deeply should we be committed to the idea of an integrated broadcasting market, as championed in the `Television without Frontiers' Directive, and why? Is it because a liberal free market approach would best brace the audiovisual industry against the threat of penetration by US and Japanese competitors; or is it because we believe that a single European audiovisual space, could and should be brought about, which at the same time strengthens the cultural identity of the individual Member States?

1.15 On the other hand is it possible that the free play of market forces could destroy the cultural integrity of Member States, on which the political strength of the Union should be founded? Could such market forces, if left to themselves, build pressure against public service broadcasting systems and favour large scale enterprises at the expense of regional and small country efforts? For how long can we count on the support of other Member States for an agreed policy of providing supports to counteract the possible negative effects of a single television market?

Introduction

1.16 Satellite television is accelerating the development of English into a supra-national language, both for interpersonal and for mediated communication. Many countries, faced with the difficulties of finding both sufficient investment capital, which will reduce the economic uncertainty that is a normal part of cultural production, and markets large enough to support an indigenous film and television production sector, are speeding up the trend towards addressing the Anglophone world as the largest and wealthiest global language community. Because of our historical, cultural, geographical and economic links with the Anglophone world, how do we reconcile the threats to and opportunities for our indigenous audiovisual sector in a post-GATT environment? Is it unrealistic even to contemplate making a vigorous attempt to correct the historical imbalance in television and film flows and aim at a balanced flow? Finally, how do we reconcile our communication policy vis-a-vis the Anglophone world, particularly the North American part of it, with our commitment to a European policy?

1.17 **National Self-Confidence.** In all the possibilities open to us, we need to recognise the increasing difficulty in finding a consensus on what is `national' about the output of cultural industries, given the contemporary economic and pragmatic realities of the co-production format in film and television production. This global trend towards the joint venture is evident even in the US. It is increasingly unlikely therefore in the future that the global audiovisual industry is going to rely on any one country's storehouse of talent, themes, stories and even language. What are the cultural, rather than the economic implications of this trend towards a mix of funding and marketing interests in Euro-American production? Will the joint venture have the effect of `thinning' European national cultures into one-dimensional stereotypes for consumption on North American screens? Will global production processes, unhinged from particular cultural identities and memories, bring together ingredients from different cultural worlds into a postmodern disorientating melange of discontinuities, fictional fragments, elements from disparate cultural origins, atavistic gestures, and residues from earlier forms?

1.18 Some postmodern theorists suggest that in an information society heavily saturated with a proliferation of media imagery, `reality' is effaced and the media become at once a black hole absorbing all content into a vortex of meaninglessness. This leads to a new `hyperreal' experience where the distinction between social and political reality and imagery becomes irretrievably blurred. A more optimistic and empowering question is to ask if the wealth of intelligence and imagination available for cultural production in Ireland can find a space for its voice to be heard. Will there be a centripetal flow of artifacts from the European periphery to the core European and Anglophone economies that will go some way to balance the centrifugal flows emanating from the core? Can we break the cycle of cultural dependency endemic to many post-colonial societies with the right financial, technological and educational infrastructure and regulatory policies and unleash the creative intelligence of a younger generation? Will we be able to inject Irish cultural production with a critical regional self-confidence, secure in its identity in a peripheral nation, that contributes to the promise of a European audiovisual space that is not bland, monolithic and claustrophobic?

1.19   It is Government policy to ensure that Irish television and radio programming is of the highest quality and that it remains the preferred choice of a majority of Irish viewers and listeners. The Green Paper outlines a number of questions and the Government invites comments and ideas from viewers, listeners and other parties with a particular interest in broadcasting. Comments and replies should be sent as early as possible, but in any event, not later than 30th September, 1995 to:-

Broadcasting Division,
Department of Arts, Culture and the Gaeltacht,
"Dún Aimhirgin",
43 - 49 Mespil Road,
Dublin 4.

Chapter Two

2 Background

Background

2.1   Broadcasting in this country is almost 70 years old. The story began on 1st January, 1926, following the enactment of the Wireless Telegraphy Act, 1926, in Denmark Street in Dublin with two pianos, two microphones, a couch, an easy chair and a microphone together with a 1KW transmitter erected by the Post Office in a wooden building on part of the site of McKee Barracks in Dublin. For the next 35 years the broadcasting service, known as Raidió Éireann operated within the confines of a Civil Service Department, the Department of Posts and Telegraphs, although from 1952 an advisory council, a five member group drawn from varied walks of life, was set up to carry on the day to day business of the station as well as to interpret policy.

2.2   The establishment of an autonomous Broadcasting Authority following the enactment of the Broadcasting Authority Act, 1960, was a watershed in Irish broadcasting. This Act gave a new charter to broadcasting. The powers, functions and objectives of the new Authority were defined and the formulation of policy in relation to broadcasting within the parameters laid down in the legislation was delegated to that body.

2.3   There has been one fundamental review of the progress of television and radio services since the establishment of the RTÉ Authority. In June 1971, the then Minister for Posts and Telegraphs appointed the Broadcasting Review Committee. This body reported on 30th March, 1974. Following consideration of the recommendations and conclusions contained in the Report of the Committee the Broadcasting Authority (Amendment) Act, 1976, was enacted. This Act and the basic 1960 Act largely represent the legislative basis of broadcasting policy guidelines laid down for the RTÉ Authority.

2.4   Between 1988 and 1993 there have been three pieces of legislation dealing with broadcasting. The Radio and Television Act, 1988 set up the Independent Radio and Television Commission modelled along the lines of the RTÉ Authority, and charged it with responsibility for the development of commercial independent broadcasting services at national, local and community level. The charter laid down in that Act in relation to the duties and responsibilities of the independent commercial sector is lighter in touch than that applying to RTÉ. The successes and disappointments in the independent sector are well known and do not need to be referred to in this paper.

2.5 In 1990, in an effort to facilitate the commercial viability of the independent broadcasting sector, the Broadcasting Act, 1990 was enacted. That Act placed a "cap" on the amount of advertising revenue RTÉ could earn annually and also placed a statutory limit on the amount of broadcasting time that could be devoted by RTÉ to advertising. The hope was that these measures would divert advertising to the independent sector. However, the reality was that the services that would have been expected to benefit most from that regime either failed anyway or never materialised. Consequently the continuance of the statutory "cap" on RTÉ advertising revenue and the statutory limit on the amount of broadcasting time that could be devoted to the advertising created severe problems for RTÉ, advertisers and the audiovisual sector. The provisions were repealed by virtue of the enactment of the Broadcasting Authority (Amendment) Act, 1993 and the provisions relating to advertising contained in section 14 of the Broadcasting Authority (Amendment) Act, 1976 were restored by virtue of section 2 of the 1993 Act.

2.6 The current statutory regime relating to broadcasting in this country is, therefore, largely based on legislation that was enacted over thirty years ago. At that time there were no cable or MMDS systems and satellite television was not possible. It was not until 1965, with the launch of the "Early Bird" communications satellite, that transnational distribution of television programmes became a practical proposition. Technology was such that the number of broadcasting services that could be provided was severely restricted by the availability of radio frequency spectrum.

Chapter Three

Media and The Public Sphere

Media and the Public Sphere

3.1 The ultimate goal of a healthy production sector in Ireland, particularly in broadcasting, because it straddles the world of audiovisual production and the world of the press, is the cultivation of a healthy democratic public sphere. By this is meant that domain of our social life in which such a thing as public opinion can be formed, access to which is in principle open to all citizens.

3.2 **The Balance of Power.** The communications explosion in recent years has brought the rapid expansion of cable and satellite services, new informational uses of cable and telephone lines, and the computerisation of all aspects of information and communication. This has taken place in an increasingly integrated arena that is bringing together the previously separate areas of electronic media, telecommunications and information services. This new phenomenon is characterised globally by growing horizontal and vertical integration of companies. It has the potential to enlarge citizen choice, to provide opportunities for many different voices to be heard and to offer alternative wares to the public.

But the first dilemma that has to be faced in relation to a democratic society is how to reconcile the pressures that seek to make information merely a commodity with the need to retain its value as a public good. What is the optimum balance of power we should strive for in the multiple relationships between technologies, regulators, providers and users? In some countries, the policy system is driven primarily by the providers of information services in an almost total abdication of policy in favour of the market place. This has often meant that such long-standing values as information diversity and full and equal access to services have been jettisoned along the way. It is commonly accepted that in the US, for example, the deregulation of broadcasting in the 1980s led to a demonstrable decline in public affairs programming on network television and documentaries disappeared from the programme schedules almost altogether. It also resulted in the interests of advertisers being prioritised over the interests of viewers. There was an increase in advertising time generally but most dramatically in children's programming. This occurred despite protests from parents' organisations that young children cannot understand the persuasive intent of advertising, especially the new type of television format which breaks down the traditional distinction between programme and commercial.

3.3   **The Public Interest**. An alternative direction for a
policy-making process in a democratic society is to make a
commitment to ensure that the emerging information regime is vitally
infused with a sense of public interest. In the past the term broadcaster
was synonymous with the use of the radio spectrum to convey
programmes to a general audience. The availability of spectrum
imposed constraints on the number of services which could be
provided. Due to technological advances, particularly new distribution
mechanisms and digital compression techniques, such constraints
which traditionally underpinned a socially responsible approach to
broadcasting will, in time, change fundamentally, underlining the
importance of a recommitment to a sense of public interest in policy
development. (The transitional period to digital broadcasting will of
course create its own frequency management problems. The timescales
for the transition from analogue to digital will be dependent on the
penetration of consumer equipment into the market place. Past
experience indicates that transition periods of 15 to 20 years are not
abnormal.) These new delivery systems will support interactive
multi-media, which will allow users to move freely around through
various information sources including pay-per-view (PPV), video on
demand (VOD) and near-vod, and allow them to combine at will
images, sounds and texts. Thus, a sense of social responsibility in
regulation needs to be reformulated so that its roots in the European
traditions of democratic theory can be strengthened. Without this, is
there a danger that the traditional constraints imposed will merely
be replaced by concentration of ownership of the new
delivery technology?

3.4   In the tradition of Western European democratic theory and practice,
modes of public communication are situated at the heart of the
democratic process. The public interest is to broaden and deepen
democracy by providing each citizen with opportunities for equal and
affordable access to mediated public debate and to the fully diverse
sources of information needed for participation in social life. Policy
should, therefore, be built on an assessment of the needs of citizens in
an emerging information society such as Ireland is today, and be
focused on designing the appropriate mix of technologies and
organisational resources available in a mixed economy which will meet
those needs. What policies promote citizenship rather than passive
consumerism? Are television viewers and radio listeners to be

identified as passive and vulnerable or as an active, sturdy, independent, differentiated collection of `publics'?

3.5   **Democratic Philosophy.** A democratic communications philosophy is needed in order to guide public policy in the regulation of broadcasting. It has been cogently argued that a democratic sphere, albeit limited to middle class males, came into being in Western Europe in the late eighteenth and early nineteenth centuries as a free space of public discussion among citizens. Through the agency of horizontal communication patterns fostered in literary and political clubs, readers' societies established for the discussion of newspapers, journals and books, tea and coffee houses and the pamphlets that circulated there - all institutions of political debate - a public opinion that takes the exercise of political authority as its theme, mediating between the public power of the state and the private sphere of everyday life, began to emerge. A free press, which could be described possibly as the forerunner of public service broadcasting, in particular, with its `freedom' constitutionally protected in some cases as a Fourth Estate, became an important institution for information, debate, opposition and criticism - enabling some segments of the citizenry at least to participate in public affairs.

3.6   The press therefore evolved from being a seller of new information to being a dealer in public opinion, providing and intensifying public discussion, but not yet a medium of consumer culture. However, in this century, the erosion of the public sphere produced largely by changes in the ownership, control and operation of the press, led to the formation of the depoliticised public of the consumer society that emerged in the 1950s. More recently the growth of suburbs and shopping malls, along with the rise of new electronic media, resulted in a retreat from the public sphere by many people, into a more private, anti-social society characterised by alienation from community and the pursuit of individual pleasures and consumer patterns.

3.7   **Public Debate.** Is this a reasonably sound analysis of how some societies are developing? Is it relevant to Ireland? Is there a case to be made that the crisis of the public sphere described by Habermas and other commentators is deepening, with the global streamlining of cultural production by giant transnational entertainment conglomerates which control vast segments of the communications industries? Is the role of public debate in the formation of public opinion and policy being eroded by the consolidation of one-way vertical communication patterns directed at alienated citizens of the late 20th century? Can any media space be regarded as a public sphere if there is a problem of literacy or if the tabloid press is able to exert extreme commercial pressure on the quality press?

3.8   It is clear that the primary functions of constituting the public sphere are now played by both the quality press and by public service broadcasting. In those parts of the communications sector which can be brought under regulation for the public good, certain principles can be applied which will go some way towards restoring trust in the vision of a public sphere as a standard for critique of present practice.

Given that news and current affairs programmes, for example, are required for robust democratic society to function well, and that a large proportion of citizens get their information from television and radio, should we not be concerned about the quantity, quality and timing of programmes broadcast during prime viewing and listening hours? Will a headline news service only, allowing no time for in-depth analysis and contextualisation, be sufficient to support citizens that are informed enough to participate in public decisions? Is the public interest served by radically cutting back on current affairs and documentary programming during peak viewing and listening hours? Is access to current affairs programming largely restricted to establishment spokespersons or is access adequately extended to individual citizens and public interest groups? To what extent are controversial issues of public importance aired from a variety of positions? Are there adequate historical perspectives or only casual explanations to make a story meaningful? How do we avoid too much control of debate by media professionals and elite members of society? Is there a need for an audience feed-back mechanism so that media performance can be analyzed and reasonable attempts made to correct biases and omissions?

The model of public communication which has served us reasonably well since the beginning of radio has been public service broadcasting. We now need to consider how we have fared as citizens with this mode, whether its remit needs to be extended to new, emerging forms of radio and television, and indeed whether it is an appropriate model at all in the new communications environment already delineated.

3.9 <u>Issues raised in this chapter for debate include:</u>
The development and integration of telecommunications, broadcasting and information technologies and the potential for an explosion in the number of services which can be accessed raise questions such as:

(a) What is the optimum balance of power in the multiple relationships between technologies, regulators, providers and users?

(b) What is the public interest in relation to broadcasting and how can it be best served in the future?

Public Service Broadcasting and Developing Technologies

Public Service Broadcasting and Developing Technologies

4.1 In the early days of broadcasting technological constraints relating to the availability of broadcasting frequency spectrum meant that only a small number of broadcasting services could be established. As a general rule in Europe these services were established in the "public service broadcasting" mould. In addition many national Governments were fearful of the power of this new medium and exercised tight control over ownership of broadcasting facilities and exercised influence over programme content. It is only with the technological developments in telecommunications, satellites and cable of the past decade that the possibilities have occurred to increase significantly the number of broadcasting services.

4.2 In the new environment it is necessary to consider what is meant by the term "public service broadcasting" and its relevance for the future. The concept has evolved down the years since the early days of radio. Lord Reith, who is regarded as the father of the concept, was of the view that broadcasters had a moral duty to use radio as an instrument of enlightenment. Public taste was too fickle and uncertain to be taken as a guide to programme making. Programming should be on the "upper side" of public taste. Traditionally the phrase "to provide entertainment, information and education" is used to attempt to define the concept.

4.3 In Irish terms a former Director-General of RTÉ stated that the philosophy of broadcasting is to be found in the motivations which lie behind the translation of these precepts, in the considerations which surround the formulation of policies aimed at educating, informing and entertaining the public that the broadcaster serves. He went on to say that in Ireland the underlying philosophy could be stated to be the desire to provide a broadcasting service, which so far as possible, will have a distinctly Irish quality, will reflect Irish values and will recognise the responsible concern of the national broadcasting service with cultural interest as well as entertainment.

4.4 In its entirety it probably has come to embrace the following elements:-

■ Broadcasting is expected to serve the "public interest" or "general welfare" carrying out tasks which contribute to the wider and longer term benefits of society as a whole.

■ Broadcast programmes should be available to the whole population.

■ Broadcast programmes should cater for all interests and tastes.

■ Minorities should receive particular provision.

■ Broadcasters should recognise their special relationship to the sense of national identity.

■ Broadcasting should be distanced from all vested interests and in particular from those of the Government of the day.

■ The public guidelines for broadcasting should be designed to liberate rather than restrict the programme maker.

Given the foreseeable developments outlined in succeeding paragraphs, are the foregoing principles to prevail and how? What shape will the public service broadcasting ideal take in the 21st century? The problem is perhaps to move from the notion of "public interest" in general to its interpretation in terms of broadcasting realities.

4.5　In the past 10 to 15 years the technological constraints on the provision of radio and television services have eased considerably. Satellite, cable and MMDS have created the capacity for the delivery to our homes of a large number of such services many of which originate outside Ireland and which are national and transnational in coverage. New technology is allowing cable operators to offer an increased number of television services (typically up to 500 in the future) and innovative services. The main technologies making these feasible are addressability, interactivity, digital compression and new system protocols. Already in Ireland, households prepared to invest in the necessary receiving equipment can have access to over 20 television channels and an increasing number of radio channels. Less than 15 years ago there were only 5 television channels available and then only in parts of the country and these were all in what was described as the "public service" mould. The foreign broadcasting services that could be received were subject to tight statutory regulation along lines similar to that applying to broadcasters here.

4.6   The pace of change is getting faster. A number of major developments are under way:-

■ **High definition/wide screen television.** Broadcasters may soon be able to offer improved quality pictures employing either high definition or wide screen television technology.

■ **Digital television.** Parallel work is going on to develop the capability for digital compression of television signals. Digital transmission could dramatically increase the number and technical quality of services available to viewers. For instance the spectrum currently available to Ireland in the UHF band for broadcasting which can provide four national terrestrial channels might also be able to accommodate four digital HDTV services or many more digital TV services of a quality comparable with the existing services. The use of similar techniques in satellite television could increase capacity in this area also.

■ **Digital Audio Broadcasting.** This development offers the prospect of much more efficient use of the radio frequency spectrum available for sound broadcasting services. Up to six stereo national or regional radio services could be accommodated in the bandwidth needed for one such service today. Digital audio broadcasting via satellite offers the opportunity of high quality international sound broadcasting.

4.7   Television is only one of the "information services" which will be impacted by new digital technology. We probably stand on the threshold of a new revolution in communications in which digital technology will enable the transition to global information networks in which all forms of information - whether in the form of moving or still pictures, sound, text or data - will be made widely available in a flexible manner. The widespread penetration of digital television will have the potential for accelerating the pace of the revolution towards Integrated Broadband Communications Networks of the future. There will be the possibility that a properly conceived implementation of digital television could allow easy interworking between television terminals, multimedia workstations, personal computers and other information terminals resulting in easy and flexible access to a wide range of information services.

4.8   Fibre optic cable provides virtually unlimited capacity for delivery of all kinds of communications services. While there are still problems to be solved in relation to providing fibre connections to the home, there can be no doubt but that these problems will be overcome. Technological advances also signal that the copper wire that has served telecommunications well down the years will remain relevant in this era of rapid change and development.

What is evident is that for viewers and listeners the distinction between telecommunications and broadcasting will become increasingly difficult to determine.

4.9   Foreseeable developments, therefore, will give viewers and listeners the potential for tremendous variety of choice and close to complete control over their viewing and listening. People will choose from a "menu" of broadcasting services, picking out the programmes that appeal to them, being broadcast at times that suit them, rather than remaining loyal to particular broadcasters. They will not be unduly concerned about where these services come from or whether they are delivered over telephone lines, cable or over the air.

4.10   While it would be unreasonable to postulate that foreseeable technological developments will lead to an explosion in the provision of Irish-based broadcasting services, it is beyond doubt that Ireland will not be shielded from the explosion in the provision of programme services that will take place outside Ireland, particularly those transmitted by satellite. These developments have implications for the audience levels for Irish based services and their attractiveness for advertising media. These developments also have implications for Irish programme planners and regulators.

4.11   If there will no longer be any practical constraint on broadcasting capacity, what implications will this have for the content of broadcasting services? The implications for programme content of the possibility of virtually unlimited transmission capacity are serious. One thing is certain, the vast majority of the new services will be commercial activities. Accordingly the bottom line for these services will be profit. Funding will be by way of advertising and subscription. There is a school of thought that believes that subscription will in fact be the dominant source of funding of these new services.

4.12   Another theme of debate which has surfaced in many discussions on the social role of the mass media concerns the general quality of news reporting and analysis of the news of the day. The average citizen depends on the mass media and particularly the broadcast media to reach informed judgements and choices. Under legislation, broadcasters are obliged to report news in an objective and impartial manner and to ensure in the broadcast treatment of current affairs that they are fair to all the interests concerned. The press has often been accused of superficiality and sensationalism, of omission and inaccuracy, of falsification and lying. Broadcasting, under public scrutiny, promised higher standards of journalism. The proliferation of new commercially driven channels must give rise to fears of sensationalism, the broadcast of unsubstantiated rumours in the interest of being first with the story and as a consequence, lower information quality generally. Modern international journalism seems unwilling to linger over even the most novel historical drama, requiring a new event for every news cycle.

A question mark must be put against the current general practice of mixing hard news with instant comment and analysis. Does this practice facilitate citizens in reaching informed judgements and choices or does persuasive comment and analysis overpower straight news reporting?

The concerns expressed in Chapter 3 about the erosion of the public sphere are particularly relevant in this context. There is a danger that the tabloid style of news presentation could infect both radio and television standards. Some have argued that television, of its nature, tends to trivialise public discourse. Broadcasters now fight for audience share by putting greater emphasis on entertainment values; as a result, the quality of hard news content is at risk. To some extent this is evident in the practice of frequent "news-in-summary" bulletins whose audience appeal is based on a presumption of a short attention span. The popular, in this instance, may be the enemy of the public good if it destroys the context of the news or information which is being broadcast.

4.13   In the coming years we can expect to see a progressive segmentation of the television audience as more and more new services come on stream. Commercially funded broadcasting services will naturally determine their priorities in accordance with their obligations to their shareholders. They will be lightly regulated if they are regulated at all. It cannot be expected that these services will conform to the public service standards of the past. They can be expected to broadcast programmes that attract large or commercially attractive audiences. They will limit their investment in programming to what the commercial market will support. While some existing satellite services provide a general service of entertainment the majority in the future can be expected to cater for specialist, but profitable, market segments such as news, sport, film, children's cartoons, etc.

4.14 In the area of satellite television access to terrestrial distribution channels (cable and MMDS principally), an encryption system is important for commercial viability. Without a change in the regulatory environment, vertical integration between distributors (cable and MMDS network owners and encryption rights owners) and satellite broadcasters can be expected to increase, increasing the market power of the dominant transnational combinations with the risk of serious consequences for the continued viability and attractiveness of the smaller national public service broadcasters.

4.15 It has already occurred that pornographic television services have been established and transmitted via satellite. Some countries would regard any attempt to prohibit the transmission of these services as an infringement of their citizens' civil liberties, even though reception of these services is possible far outside their borders. While it can be expected that such services will in general be encrypted or transmitted late at night the fact remains that these services can be received in Ireland by viewers with the appropriate receiving equipment. Transmission of such services can be prohibited on cable and MMDS systems but direct reception is virtually impractical to prevent.

It might be possible to legislate so as to make it an offence to supply equipment for receiving the channel, to advertise it or to publish details of its programming, somewhat along the lines contained in the Broadcasting and Wireless Telegraphy Act, 1988 in relation to illegal broadcasting stations. However, there is a case pending before the European Court of Justice brought by the operator of such a channel against the regulatory authorities in the UK who under their broadcasting legislation imposed such a ban.

4.16 The scenario outlined in the preceding paragraphs raises the basic question of the role of public service broadcasting. In fact we must ask ourselves does it continue to have a role. The immediate broadcasting issue involves restating the values of public service broadcasting in a new and rapidly changing environment.

4.17 A recent European Broadcasting Union analysis on trends in European public service broadcasting has concluded that, notwithstanding the tremendous growth in private commercial broadcasting in recent years, public service broadcasters, generally speaking, are still the most important element in the European audiovisual landscape.

However, the analysis did note that while total volume output increased between 1988 and 1992 by 26%, some of the more prestige programmes are disappearing from the schedules and are being replaced by programmes of a more simple nature, reflecting the pressures on scarce resources that can be expected to increase.

What would suffer in this new competitive environment if the concept of public service broadcasting were to be allowed to wither? The following could happen:

comprehensive, in depth and impartial news and current affairs programming that is needed to support national debate will be marginalised, if it remains in the schedules at all,

special interest programming for minority groups not attractive to advertisers will also be marginalised or will disappear from the schedules,

experimental and educational programming and the development of new talent and ideas will suffer and

support for the development and expression of our own national and for broader European cultures will disappear.

4.18 For the future, therefore, a balance will have to be struck between the legitimate aspirations of programme makers to address a large audience attractive to advertisers and the rights of all citizens to be able to find in the broadcasting schedules at reasonable times and in reasonable quantity programming that appeals to their tastes and interests. Having regard to our population this means that programming that attracts a very small audience by international standards must have a place in the radio and television programme schedules. An audience of fifty thousand households may not be very attractive to advertisers but it still represents five percent of the television households.

International comparisons of public service broadcasting audience shares - (1992 and 1996 projections)

Country	% Share of viewing per day of public service broadcasters		% Share of listening per day of public service broadcasters	
	1992	1996	1992	1996
Ireland	63%	60%	57%	60%
U.K.	44%	40%	61%	56%
France	38%	40%	20.6%	22%
Germany	51.1%	51%	69.8%	70%
Austria	73%	60%	91%	80%
Netherlands	46.8%	42%	53%	42%
Sweden	71%	62%	73%	70%

Source: Trends in European Public Service Broadcasting - an economic analysis. European Broadcasting Union.

4.19 **Issues raised in this chapter for debate include:**

(a) **What constitutes public service broadcasting?**

(b) **Does public service broadcasting continue to have a role to play in the rapidly changing telecommunications environment?**

(c) **If so, how can the values of this model be restated?**

(d) **Does current broadcasting practice in news facilitate citizens in reaching informed judgements and choices?**

Chapter Five

Broadcasting Structures

Broadcasting Structures

5.1   The existing structures are as follows.

The RTÉ Authority, established under the Broadcasting Authority Act, 1960 for the purpose of providing a national television and sound broadcasting service.

The Authority which is part-time, can have not less than seven and not more than nine members. The period of office cannot exceed five years, although a member whose term of office expires is eligible for re-appointment. A member of the Authority may be removed by the Government for stated reasons, if and only if, resolutions are passed by both Houses of the Oireachtas.

The statutory structure for overseeing the national broadcasting services has remained unchanged since the RTÉ Authority was established. Initially the Authority was responsible for one radio service and one television service. In its first full year of operation the Authority was responsible for 4,120 hours of radio (approximately 11 hours per day) and something over 2,000 hours of television (approximately 43 hours per week) 45% of which was home-produced. Today the Authority is responsible for two national television services, four national radio services and a local service in Cork.

5.2   **The Independent Radio and Television Commission, established under the Radio and Television Act, 1988 for the purpose of entering into contracts for the provision of sound broadcasting services and a television service additional to services provided by RTÉ.**

The Commission can have not less than seven and not more than ten members. The period of office cannot exceed five years, although a member whose term of office expires is eligible for re-appointment. A member of the Commission may be removed from office on the same basis as a member of the RTÉ Authority.

The Commission is responsible for overseeing the performance of 21 independent local stations and special interest and community stations in accordance with statutory guidelines similar to those applicable to RTÉ and laid down in the 1988 Act.

5.3 **The Broadcasting Complaints Commission, established under the Broadcasting Authority (Amendment) Act, 1976 to investigate complaints principally of alleged breaches by RTÉ and the independent sector of the statutory obligations in relation to the broadcasting of news and current affairs.**

The Commission, which is part-time, has a minimum membership of three. There is no maximum membership. The period of office cannot exceed five years although a member whose term of office expires is eligible for re-appointment. A member of the Commission may be removed from office on the same basis as a member of the RTÉ Authority and the Independent Radio and Television Commission.

The Broadcasting Complaints Commission can only determine whether in its view there was a breach of the statutory obligations placed on broadcasters. Its adjudications are published but the Commission has no powers of a disciplinary nature.

Are these structures adequate and the most effective and efficient for today's needs and to cater for broadcasting into the next century?

5.4 The Broadcasting Authority Acts and the Radio and Television Act, 1988 require that balance and impartiality be observed by RTÉ and independent broadcasting contractors in their programming without expression of their own views on any subject (other than broadcasting policy in the case of the RTÉ Authority). If it is impossible to achieve in a single programme, balance may be achieved in two or more related broadcasts provided they are transmitted within a reasonable period.

5.5 It is essential to the principles of democracy and freedom of speech that broadcasting should be reflective of the whole spectrum of public opinion; that the issues of the day and the actions of Government be subjected to rigorous examination. The Government of the day is usually cautious in expressing concern or criticism of programmes because this is almost always interpreted as political interference with the statutory independence of the broadcasters. It is incontrovertible that political interference, when it occurs, is unacceptable to the general public.

Nevertheless, there is an unease that broadcasting professionals who occupy a position of considerable power, may occasionally use that position to set personal agendas thereby promoting their own opinions and views in their broadcasting. The question has to be asked whether the intent of the current legislation in relation to programming is being met or is being circumvented. If the answer to this question is "yes" how should legislation address these concerns and at the same time avoid the risk of dull, safe and unchallenging programming?

5.6 There have also been instances where the suggestion has been made that programming personnel have in effect used the airwaves to carry on an intense crusade for or against a particular position or state of affairs with a view to mobilising public opinion without a proper regard for the opposing point of view. No doubt the programme people concerned would argue that "impartiality" does not imply "an Olympian neutrality or detachment from those basic moral and constitutional beliefs on which the nation's life is founded" to quote the BBC. In making the foregoing observations one must bear in mind the statement of the Federal Communications Commission on editorialising made as far back as 1949 to the effect that:

"......... the standard of public interest is not so rigid that an honest mistake or error in judgement on the part of a licensee will be or should be condemned where his overall record demonstrates a reasonable effort to provide a balanced presentation of comment and opinion.".

The critical role of broadcasting is vital but should not be confused with sectional or narrow campaigning on a special issue. Programming has at once a descriptive function to which the concept of balance can apply but also it carries an investigative and revelatory function which, while more uncomfortably accommodating the concept of balance, is a necessary and vital central function for a national broadcasting service. Balance has to sit with a vigorous critical function.

5.7   Since it was established, the RTÉ Authority has acted

   (i)   as the guardian of the public interest in relation to the existing national broadcasting services,

   (ii)   as the formulator of policy in relation to broadcasting within the parameters laid down in the legislation and

   (iii)   as regulator of these services.

Have these roles now become secondary? In the current broadcasting environment is there pressure on the Authority to be more concerned with its other statutory role to perform successfully as a commercial semi-State body and to protect the independence of the broadcasters themselves?

Does the Authority see itself with a responsibility to keep in close touch with their audience to ensure that RTÉ's programmes and other activities reflect the needs and interests of the public it is established to serve? There has been a criticism from time to time that the Authority is primarily orientated towards its Dublin audience. Is there a case for providing in any new legislative framework specific provision for regional representation on the Authority? Alternatively, is there a case for the establishment by statute of Regional Advisory Committees to advise the Authority in this regard?

There may be a case for giving the Authority a clearer policy mandate and for the separation of the "guardian of the public interest" and "regulator" roles from the more day to day functions and responsibilities of the Authority. This possibility is discussed in paragraphs 5.8 to 5.10 below.

5.8   **The Production Environment.** The origination, management and production of television and radio programmes are activities demanding creativity, energy and a high level of organising skills. The context in which these activities take place in Ireland is a highly competitive one particularly in relation to television with most of the potential audience for Irish programming having access to four terrestrial channels in the UK, not to speak of the many satellite channels which are now available.

As a state sponsored body, RTÉ has not been immune to the hostility which has been directed at the public sector in general over the last decade. This has resulted in pressures on RTÉ to apply commercial criteria to its operations and these might not necessarily be the most appropriate means to measure quality in programming. A commitment to new ideas relating to the format and content of programmes implies a willingness to accept risks of failure and consequent criticism. New talent needs investment, support and room to develop. If resources are locked into mainstream, formula type programmes then innovation will not be possible. There is possibly a sense that commercial pressures, combined with the legacy of some industrial relations issues, have robbed production personnel of a sense of creativity and have reduced many to adopting a cautious and predictable approach to their work.

It is vital that the programme making process in Irish television be infused with a sense of dynamism and creativity. This is not incompatible with a commercial strategy which is assertive rather than defensive. New television products will find markets overseas, but programmes which simply replicate other tried and tested models for an Irish audience have little market potential.

It would be inappropriate and unacceptable if public policy were to invade the programme making process. However, administrative structures which conspire against the realisation of the potential of programme makers are also unacceptable. The quality and range of Irish-made programmes and their relevance to Irish audiences are after all the main justifications for the maintenance of an indigenous broadcasting service. It would be an important contribution to the debate which this Green Paper hopes to stimulate if those directly involved, the programme makers, had proposals to make in regard to the administrative structures within which they have to work and the impact of those structures on creativity.

5.9 For a country of our size the question must be asked if it is essential to have two statutory bodies regulating the broadcasting sector. There is no doubt that in the immediate aftermath of the enactment of the Radio and Television Act, 1988 and the Broadcasting and Wireless Telegraphy Act, 1988, which at that time effectively eliminated the problem of illegal broadcasting, the Independent Radio and Television Commission performed a vital service in quickly facilitating the filling of the vacuum created by the disappearance of the illegal broadcasters. Now the emphasis of the Commission could be expected to be on the development and strengthening of the independent sector in the main, while recognising that the statutory power to facilitate the establishment of a national independent radio service and a national independent television service remains. The question to be asked at this stage is could the functions of the Commission be carried out in a more efficient manner.

5.10   There may be an argument for merging the policy and regulatory functions of the RTÉ Authority and the Independent Radio and Television Commission to form one over-arching Authority that would assume overall responsibility for broadcasting policy, the development of broadcasting services in general, subject to national frequency spectrum management and technical licensing, and the regulation of broadcasters. Such a merged body - the suggested "Super Authority"- would be able to take an overview and balance the needs and demands of RTÉ on one hand against the needs and demands of the independent sector on the other. It would eliminate the present unsatisfactory situation whereby on occasion the Minister has had to adjudicate as between competing needs and demands. Such a structure would also make the suggestions regarding regional representation in paragraph 5.7 more meaningful.

5.11   The third "pillar" of broadcasting regulation is the Broadcasting Complaints Commission. As stated earlier this statutory body has power to investigate alleged breaches of certain statutory obligations imposed on broadcasters and to determine whether in its view such breaches have occurred. While the Commission's adjudications are published the Commission has no disciplinary powers, such as the imposition of fines on offending broadcasters. If the concept of a "Super Authority" as outlined above were to be adopted there is a case in theory for the absorption by this "Super Authority" of the powers and functions of the Broadcasting Complaints Commission. However, given the inevitable close relationship that would undoubtedly develop between such a new Authority and the broadcasters it may be preferable, so that the body charged with investigating complaints against broadcasters would be seen to be completely independent, to maintain the current arrangements.

5.12   An issue to be addressed is whether there is a need to give statutory disciplinary powers to the Commission. While the Commission has found against the broadcasters only in a minority of cases investigated, there may be a public perception that in the absence of some disciplinary procedure the findings of the Commission may not be taken seriously by broadcasters. In these circumstances there may therefore be a case for enabling the Commission, statutorily, to take disciplinary action against an offending broadcaster by way of fines or otherwise. As RTÉ and the independent broadcasting contractors have editorial responsibility for programme content, any fines would be proper to be levied on the broadcaster rather than on the programme maker although this would not inhibit the broadcaster from internal action in accordance with agreed disciplinary procedures.

5.13   At present the powers of the Commission are confined to alleged breaches of the requirements of objectivity and impartiality in news and current affairs programming, the requirement not to broadcast any matter that might reasonably be regarded as likely to promote or incite to crime or as tending to undermine the authority of the State, the requirement not to encroach unreasonably on the privacy of the individual, the requirement to observe the terms of any order in force under Section 31(1) of the Broadcasting Authority Acts and alleged breaches of codes relating to standards and practice in broadcast advertising. It would appear that the remit of the Commission is adequate but any comments received on this issue would be taken into consideration.

5.14   **Issues raised in this chapter for debate include:**

(a)   **Are existing broadcasting structures adequate?**

(b)   **Is there a case for an authority dedicated to broadcasting policy development and implementation, leaving broadcasters to broadcast within whatever policy constraints are laid down?**

(c)   **Should the transmission function become a commercial activity serving the needs of all broadcasters?**

(d)   **Is RTÉ too Dublin orientated?**

(e) Are the statutory obligations for balance and objectivity being achieved?

(f) Is the administrative environment within the national broadcasting services, in which programme makers operate, conducive to the infusion of a sense of dynamism and creativity?

(g) Should the Broadcasting Complaints Commission have disciplinary powers and is its remit sufficiently broad?

Organisation of RTÉ Broadcasting Services

Organisation of RTÉ
Broadcasting Services

6.1   RTÉ operates two national television services, four national radio services, with Raidió na Gaeltachta sharing a VHF network with FM3 Music and Cork Local Radio. Its production facilities are largely concentrated in Dublin although it has a network of regional studios and its outside broadcast facilities ensure that it is able to bring to the public it is established to serve, coverage of every major activity regardless of location.

6.2   **Television.** The appropriateness of two television services being under the management of one broadcaster was considered in the context of the deliberations on how Teilifís na Gaeilge might be established. It was concluded that a two channel service, complementary in programming policy, is essential for the public service remit to be achieved in the current and foreseeable broadcasting environment in which RTÉ has to operate. In the absence of a second channel RTÉ would not be able to provide a broad range of programming catering for popular and minority tastes in accordance with the statutory obligations laid on the Authority. Accordingly it is not proposed to privatise Network 2 or to separate the control over the operation of the two channels in any way.

There is, however, a distinction between administrative control and editorial competition. Mechanisms of editorial control and programme competition are perhaps necessary and should be reflected in administrative structures. The principal objective of a two channel strategy should be the maximisation of the opportunity for developing diversity in programming styles and not merely scheduling convenience. The provision of a statutory regime for the commissioning of programmes from independent producers (c.f. section 6.9) may provide possibilities for the emergence of alternative strands of programming for Network 2.

6.3   However, given the present concentration of broadcasting resources in Dublin consideration should be given to the possibility in the longer term of locating one of the channels and its associated production base outside Dublin. At present the production facilities of RTÉ 1 and Network 2 are integrated and the implementation of such a proposal would necessitate the construction of television production facilities outside Dublin. This might be considered as an alternative to any scheme for the refurbishment of production facilities in Dublin and might include the extension of regional studios. If, as a consequence, spare capacity was released in Dublin, this could perhaps be used commercially as an integrated dimension for independent production commissioning.

6.4 **Radio.** The position of Raidió na Gaeltachta is dealt with separately in Chapter 10.

6.5 The Television Commission that reported in 1959 was inclined to the view that in principle broadcasting in Ireland, whether it takes the form of radio or television, should be under the control of a single broadcasting Authority but was firmly of the view that for some years it would not only be desirable but necessary that Irish television and radio should be controlled by separate and independent bodies. The Government of the day, however, did not accept the view expressed by the Commission and established one statutory Authority for both radio and television. In the current and foreseeable future situation, television broadcasting in particular in Ireland will be subject to unprecedented competition. It is conceivable that a body charged with responsibility for the operation of both television and radio services might be more inclined to concentrate on television to ensure its continuing relevance to Irish audiences to the detriment of radio. On the other hand there can be no doubt that under the RTÉ Authority radio has prospered and developed and there are economies of scale in the present arrangement. Given the scope of this Green Paper the question must be asked whether the balance of advantage for radio lies in maintaining the present arrangement or would radio be better served under a separate dedicated body, subject to the suggested "Super Authority".

6.6 It can be argued that there is a case in relation to 2FM that it can be constituted as an independent national radio service funded solely by advertising. On the other hand the totality of RTÉ's radio services represents a balanced mix, admittedly through the segmentation of programming streams on dedicated channels rather than across channels. The arguments for the retention of 2FM within the RTÉ structure are, however, perhaps not as compelling as for the retention of the two television services within the one structure. If 2FM should continue within the one structure, what measures will ensure that it enjoys no special advantages through cross-subsidisation? Of course the establishment of 2FM as an independent station would have implications for the commercial viability of the independent local radio sector and for the private sector if it were to take up the statutory option available in the 1988 Act to establish an independent national radio service.

6.7 **RTÉ Local Radio.** Cork Local Radio has existed since 1974 and predates by many years the creation of a statutory regime for independent local radio services. It is the only local radio service operated by RTÉ and in current circumstances it is perhaps an anomaly. The service generates local advertising revenue and could be regarded as a subsidised competitor for the independent station serving Cork. The question to be asked therefore is whether it is appropriate for RTÉ to continue to operate any advertising supported local radio services.

6.8 **The Performing Groups.** Music and drama groups have been an important aspect of Irish broadcasting since the inauguration of the radio service in 1926. From humble beginnings the music groups have grown to comprise today the following full-time RTÉ groups:

> The National Symphony Orchestra
>
> The Concert Orchestra
>
> The RTÉ Vanburgh Quartet

In addition the following groups contribute to the broadcasting services in a part-time capacity:

> The RTÉ Chamber Choir
>
> The RTÉ Chorus
>
> The RTÉ Philharmonic Choir

The performing groups, particularly the Orchestras, have over the years, with the co-operation of the RTÉ Authority, made a significant contribution to the musical life of the nation that goes far beyond their primary role as broadcasting ensembles. The position of these groups would need to be considered if the concept of the "Super Authority" were to be adopted. A number of options could be considered. They could remain the responsibility of the broadcaster. Indeed the role of the Concert Orchestra, in particular, would seem to suggest that this should be the case at least for that group. A second option could be that the groups could become the responsibility of the "Super Authority" itself. The costs involved would be met out of the net receipts from licence fees and the "Super Authority" would make the performing groups available to the broadcaster as required. It would probably be desirable to stipulate in legislation that the utilisation by the broadcaster of the groups should be maintained at present levels. A third option could be the establishment of a connection with the Arts Council, which is the body with statutory responsibility for the promotion and encouragement of the arts, including music, in recognition of the contribution of the groups to the musical life of the nation generally.

On balance there would appear to be merit in RTÉ continuing to be a major patron of music, drama and other art forms so encouraging the living and performing arts to continue to flourish. In this connection a special group to review the current structures relating to the performance of classical and contemporary music with particular reference to the performance of orchestral music was set up by the Minister for Arts, Culture and the Gaeltacht in June 1994 and is expected to report as this Green Paper is published.

6.9 **Independent television production.** Section 4 of the Broadcasting Authority (Amendment) Act, 1993, requires the RTÉ Authority, subject to certain provisos, to spend £6 million in 1995 on the commissioning of television programmes from the independent production sector. This amount is to rise to £12.5 million, or 20% of television programme expenditure in the preceding financial year, whichever is the greater, by the financial year 1999.

6.10 Separately Bord Scannán na hÉireann has been reconstituted and it is envisaged that a significant amount of Structural Fund monies will be allocated to the film industry over the lifetime of the National Plan.

6.11 The independent sector is therefore being separately developed to generate production for both the cinema and television. As both RTÉ and Bord Scannán engage in the funding of individual projects and commissions in pursuit of their particular policy objectives, where should responsibility lie for the strategic development of the sector? How should particular strands of film making be encouraged? How should continuity be promoted, so that coherent development of the sector can take place? How can experience in television both for RTÉ and for independent production companies lead to employment opportunities in the film industry? Should independent producers focus on mainstream audiences at the expense of smaller special interest audiences? Would a formal linkage between the sources of funding benefit the sector? Would a formal linkage also facilitate the carrying out of a quality audit on work produced by the independent sector?

As the plans for Teilifís na Gaeilge proceed and if an independent national television service is established under the auspices of the IRTC, the volume of independent production will increase significantly in the next decade.

In addition since 1993, tax incentives, notably Section 35, have encouraged an unprecedented level of feature film (15 in 1994) and television drama series (9 in 1994) production in Ireland.

The expansion of the independent sector on several fronts suggests that a structured overview may be necessary to achieve maximum benefit.

6.12 <u>**Issues in this chapter for debate include:**</u>

    (a) **As a long term objective should the production facilities needed for Network 2 be located outside Dublin?**

    (b) **Should Network 2, by use of the independent programme production sector, be a vehicle to facilitate the emergence of alternative strands of programming?**

    (c) **Should the management and development of the national RTÉ radio services be separate from the management of the national RTÉ television services?**

    (d) **Should RTÉ be involved in advertising supported local radio services?**

    (e) **Should 2FM remain part of the RTÉ structure or is there a case for making it a stand alone commercial operation?**

    (f) **Is there a need for a structural overview of the independent audiovisual production sector in the light of recent incentives to stimulate the sector?**

Chapter Seven

Transmission

Transmission

7.1   At present RTÉ provides, maintains and operates the transmitter networks for its radio and television services. Telecom Éireann provides, in general, the link system between the transmitters. In the independent sector the majority of the local radio stations provide their own transmitters. In some cases where suitable RTÉ infrastructure exists, RTÉ provides transmission facilities for independent broadcasters on a commercial basis. The transmission infrastructure for an independent national radio service is largely integrated into the RTÉ transmission system. Each independent operator has been authorised by the Department of Transport, Energy and Communications to operate a radio link between the studio and transmitter and to use a radio link for outside broadcast purposes.

7.2   The Division within RTÉ responsible for transmission is, it is understood, also responsible for the provision of radio and television production facilities. Would the balance of overall advantage lie in separating out the transmission function from the programme production function and setting up the transmission activity as an independent commercial activity thereby leaving RTÉ free to concentrate on its core activity, the production of programmes? If a commercial entity were to be set up to this end it could also offer its services on a commercial basis to the independent sector. There would be two options in relation to the independent sector - they could be left free to continue their existing arrangements if they so wished or they could be required to transfer operation of their transmitters to the new entity. There would appear to be particular advantages to independent operators in this possible arrangement. They would be guaranteed a high quality service and would not have to be concerned with the technical aspect of transmission or with ensuring that the transmitters comply at all times with the terms of the technical licence. There would also be the added advantage to the independent sector generally that if transmission were to be the responsibility of a separate entity the temptation on the part of local radio contractors to operate their own transmitters outside the licensing parameters laid down in order to poach listeners from adjacent broadcasting areas or to secure a competitive advantage would be removed.

7.3   The licensing of cable and MMDS services is the responsibility of the Minister for Transport, Energy and Communications under the Wireless Telegraphy Acts, 1926-1988. However, policy formulation and development in relation to the provision of programme services on cable and MMDS systems cannot be considered in isolation from general broadcasting policy issues. There can be areas of potential conflict in relation to the development of broadcasting policy with the current split responsibility for the regulation of these services and broadcasting services, as recent attempts by cable operators to become involved in local advertising demonstrate. Issues of concentration of ownership by major media interests also arise and are discussed in Chapter 16: the development of community television (Chapter 9) may be dependent on cable and MMDS systems if it is to be fostered.

What role, if any, should a new "Super Authority" have in relation to such issues in relation to cable and MMDS? In addressing this question, general telecommunications policy at a national and EU level must be borne in mind. In an era of integrated services, cable and MMDS systems may well be used to deliver far more than television and radio entertainment services.

7.4 **Issues in this chapter for debate include:**

    (a)   **Should transmission be a separate commercial activity?**

    (b)   **How can broadcasting policy issues that relate to cable and MMDS be adequately addressed having regard to the present split responsibility between two Government Departments?**

Chapter Eight

The Licence Fee and Other Sources of Revenue for Broadcasting

The Licence Fee and Other
Source of Revenue for Broadcasting

8.1 Since the establishment of broadcasting services in this country a licence fee has been payable by those in possession of receiving equipment regardless of whether or not they listen to or view RTÉ services. The licence fee is a core element of the concept of public service broadcasting whereby all are called upon to contribute to the cost of providing the service even though the total output of the service is not required by all.

8.2 RTÉ is funded mainly from a combination of television licence fee revenue and advertising. Additional revenue is also generated from other commercial activities. In 1994, licence fee revenue, net of collection costs, amounted to £50.4 million, advertising revenue amounted to £71.44 million and income from other commercial activities amounted to £18.12 million. Total RTÉ revenue in 1994 was, therefore, £139.96 million. Advertising revenue has increased its share of total RTÉ income, rising from 44% in 1986 to over 51% in 1994.

There are 21 independent radio stations which are operating on a commercial basis in the State, drawing their revenue from advertising and sponsorship. Total advertising revenue generated by the independent radio sector was £18.1 million in 1993, having risen from £8 million in 1990. This increase in advertising revenue has occurred at the same time as a decline in revenue from radio advertising in the case of RTÉ.

The independent radio stations operate under a contract with the Independent Radio and Television Commission. The IRTC derives its income from a levy on the revenues of the independent radio stations.

8.3 The statutory requirement of a radio licence was abolished in 1972 and a colour licence was introduced in 1974. Gross receipts from the sale of television licences are paid into the Exchequer. A Grant-in-Aid equivalent to receipts less the cost of collection is paid to RTÉ. The legislation providing for the payment of the Grant-in-Aid does not stipulate to what purposes RTÉ may put the net licence fee receipts. It is regarded as being for the general purposes of broadcasting. This arrangement reflects the long standing arms length approach of Government in relation to the day to day operation of the broadcasting service. In 1994, licence fee revenue accounted for 41.3% of combined licence fee and advertising revenue in that year. The corresponding percentage in 1988 was 47%. Licence fee revenue expressed as a percentage of total RTÉ revenue in 1994 amounted to 36%. While there is no evidence to suggest that it is the case, does the reliance by RTÉ for so much of its revenue from commercial sources including sponsorship run the risk of compromising its editorial integrity? Is there a case for saying that licence fee revenue should comprise 50% of RTÉ's total broadcasting revenue? Of course for this formula to work and if RTÉ is not to have to cut back on its broadcasting activities, there must be an implicit willingness by Government to sanction increases in licence fees and a willingness on the part of the general public to pay.

8.4   It is not beyond the bounds of possibility, with the growth in transnational services predicted for the future, that Irish broadcasting services will find it increasingly difficult to secure advertising and other sources of income. Apart from this there are some indications that some major multinational corporations may be reviewing their commitment to television advertising in the longer term. In this scenario there will have to be Government acceptance of future licence fee increases to ensure that our broadcasters remain free from undue commercial pressures to maximise audience ratings and share and are not to wither and die because advertising and other sources of revenue are attracted elsewhere. Even now is it appropriate that the question of the timing and amount of a licence fee increase should be determined solely at the pleasure of the Government of the day? Would it be preferable to devise a formula now that would guarantee an annual licence fee increase based on inflation but with safeguards that would put pressure on the broadcaster to contain costs and to deliver value for money?

8.5   If the funding of broadcasting services through a licence fee is deemed to be a fundamental element that comprises the concept of public service broadcasting, is it appropriate to attempt to define how revenue from these fees should be spent? Is there a need for a regime that would ensure that broadcasters in receipt of licence fee revenue do not use it to compete unfairly with other media in the advertising market? The independent broadcasting sector has put forward the proposition that, as they believe that some of the statutory obligations placed on them constitute public service broadcasting, they should be entitled to a share of licence fee revenue. It is perhaps too simplistic to say that licence fee revenues should be used to fund the making of programmes that, taken on their own, cannot be sustained solely through the generation of advertising or sponsorship revenues. RTÉ has shouldered particular public service responsibilities in relation to the performing arts that are not justifiable solely on commercial broadcasting grounds and that clearly can be funded only by licence fee revenue or other Government sources. Should these activities continue to be embraced in any definition of the use to which licence fee revenue should be put?

8.6 It is also too simplistic to say that particular categories of broadcasters or broadcasting activities should receive a fixed percentage of the revenue. If the option of the "Super Authority" were to be adopted a case could be made to pay the Grant-in-Aid equivalent to net licence fee receipts to this body and charge it with the responsibility for disbursement to all broadcasters in accordance with clear criteria that would be set out in legislation.

8.7 If any new categories of broadcaster or broadcasting activity are to be funded from licence fee revenue, such developments have implications for the breadth and scope of the activities of RTÉ unless there is a compensating increase in their income from licence fees. If licence fee revenue is to go to programming in the independent sound broadcasting sector should consideration be given to the reintroduction of a specific radio licence in some easily collectable form, e.g. a car radio licence collected as part of the motor tax system or a levy payable on the purchase of any equipment comprising a sound broadcasting receiver - a radio/cassette system, walkman, hi-fi FM tuner, etc.- the net proceeds of which could be devoted to public service broadcasting in the independent sector?

8.8 Broadcasting in this country is already dual funded through licence fees and advertising revenue. Without advertising as a source of funding there would not be the richness and diversity of broadcasting services that now exist. There has been no evidence that this significant reliance on advertising revenue has to date compromised the editorial integrity of broadcasters. Advertising is a reflection of the health or otherwise of the economy and while it has remained a stable source of broadcasting income down the years this need not necessarily be the case in the future, particularly with the fragmentation of audiences that will occur through the existence of an increasing number of transnational satellite channels. Many commentators believe that competition for advertising by broadcasting will become increasingly intense. The move to encryption by a number of satellite delivered non-premium commercial channels and which at the same time continue to carry advertising is in itself a form of dual funding and is seen by some as symptomatic of the difficulties in establishing a dedicated transnational audience in this already highly competitive environment. Allied to this, the provision of new services such as pay per view and video on demand may fragment audiences further so as to diminish the ability of any one broadcaster to "deliver" a dedicated audience for particular programmes sufficiently large to attract advertisers.

8.9 It is clear that revenue from advertising now underpins broadcasting in Ireland to a significant extent. Only one broadcasting organisation, RTÉ, receives income from television licence fees. Payment to RTÉ of the entire net revenue from television licence fees could be justified on the grounds that this is necessary to enable RTÉ to fulfil its role as a public service broadcaster without becoming over-reliant on revenue from advertising. However, long-term developments in relation to television advertising generally could have a significant impact on RTÉ's income from advertising. In addition, technological developments which will facilitate the establishment of other services, which are discussed elsewhere in the Green Paper could also affect RTÉ's ability to increase or, indeed, to maintain revenue from advertising.

The scope for using a portion of television licence fee revenue to finance the establishment of suggested new initiatives discussed in this Green Paper could, therefore, be limited. The options for the future financing of broadcasting in this country which are outlined in the Green Paper, whether from television licence fees or by funding from the Exchequer, would have to be consistent with the constraints of the economic and financial policies being pursued by the Government.

8.10 Are there other funding options of significance? Sponsorship and subscription/encryption come to mind as possible sources. While sponsorship of certain programmes in the arts arena does not lead to pressure on editorial decisions, sponsorship in general must be regarded as another form of advertising. It can be expected that programmes will only attract sponsorship if they in turn attract commercially attractive audiences. Furthermore sponsorship is, in reality, dependent on a small number of corporate and other sponsors.

8.11 While subscription/encryption has apparently proved itself as a means of funding theme channels such as movie channels, it does not seem an appropriate funding mechanism for a public service channel. It would remove the principle of universal access and would force broadcasters to concentrate on maximising audiences. While encryption has now reached a stage of development where it can be used for terrestrial broadcasting, the cost of making it available to all householders would be very considerable and the process would cause severe disruption to both audiences and broadcasters.

8.12 **<u>Issues in this chapter for debate include:</u>**

    (a) **Should television licence fee revenue constitute a minimum of 50% of the national broadcaster's revenue to protect the editorial independence of programme makers?**

    (b) **Should an attempt be made to define the types of programming on which licence fee revenue may be spent?**

    (c) **Should all broadcasters who broadcast such programme types have access to licence fee revenue?**

    (d) **Should a special radio licence be re-introduced to fund public service programming in the independent radio sector?**

Chapter Nine

National, Regional and Local Services

National, Regional and Local Services

9.1 **National Television.** RTÉ's two national television services have been discussed in Chapter 6. The IRTC have powers under the Radio and Television Act, 1988 to arrange for the provision of an independent national television service. Until the IRTC award a contract and an independent television service is actually established, one can only speculate as to the details of the programming schedule and the hours of transmission of an independent service.

In addition, the Government have decided to establish Teilifís na Gaeilge as a separate national channel. Until Teilifís na Gaeilge can be established as a separate legal entity, the Government have charged RTÉ with responsibility for the construction and initial operation of the service. Possible new legal structures for Teilifís na Gaeilge are discussed in Chapter 10. However, even the most optimistic supporter of the new service will recognise that the new station will be limited to two to three hours per day of Irish language programming at the outset. In conveying the Government's decision on funding for Teilifís na Gaeilge to the RTÉ Authority and Comhairle Theilifís na Gaeilge, the Minister for Arts, Culture and the Gaeltacht indicated that the Comhairle, in conjunction with the Authority, could bring forward proposals (including the use of free transmission time) to him for generating funding for additional Irish language programmes. However, the technical infrastructure which is being constructed for Teilifís na Gaeilge will be a national asset and the question arises as to how the spare time on the new network can be used to the maximum benefit of all. The Policy Agreement - "A Government of Renewal" - in referring to Teilifís na Gaeilge indicates that the spare time on the channel could be used for other public service programmes which cannot be adequately catered for on other channels, for example distance education, foreign language programmes and increased Oireachtas coverage. There is also the possibility of extra unused capacity on a network for an independent television channel.

There may be an opportunity to put extra television transmission capacity at the service of citizens and communities. Increased access to broadcast time for programming which will strengthen and enhance democracy will be possible. The possibility of increasing Oireachtas coverage seems significant for a participative democracy. Current Oireachtas coverage while worthy and important, consists, for scheduling reasons, mainly of edited "highlights". Increased transmission time for Oireachtas coverage would allow for a more thorough approach and allow citizens to be involved and engaged in the processes of our most important democratic institutions.

What structure is appropriate to oversee the use to which the time not used by Teilifís na Gaeilge is to be put? Should the entity established to operate Teilifís na Gaeilge be responsible for all transmissions on the new infrastructure or should it be left to a "Super Authority" to decide on the mix of programme services to be provided and allocate time slots to particular types of programmes? How should such services be funded?

9.2 **Regional and Local Television Services.** From time to time there have been expressions of interest in the provision of local and regional television services which it is assumed would include a significant proportion of locally produced programmes made in and for the locality or region to be served. The questions arise as to whether such services could be economically viable and if so how they might be provided.

9.3 Television is an expensive medium and the general public demands programming of a high technical standard and of good quality. In the past there have been a number of experiments in local television programming on cable systems but in most cases they were discontinued for a variety of reasons. At present a number of cable operators provide local programming on their systems. Experience of some of these efforts demonstrates considerable potential for the delivery of local interest channels in this way. Statutory power exists under Section 3A of the Wireless Telegraphy Act, 1926, inserted by Section 17 of the Broadcasting Authority (Amendment) Act, 1976, to licence the provision and distribution of local programmes on cable systems. This section has not been brought into effect. Cable television licences provide that, if required to do so by the Minister for Transport, Energy and Communications, a licensee must make a channel available for the purpose of relaying approved local programmes. Again this power has not been used. Under existing legislation, broadcasting transmitters for regional and local television programme services can only be licensed to Radio Telefís Éireann.

9.4 Local and regional television services, professionally operated, could be provided by using channels on cable systems, MMDS systems or low/medium power television transmitters. Such services could be funded by way of advertising, sponsorship, local authority contribution or diversion of cable television licence fee receipts currently paid into the Exchequer. Funding of such services through advertising and sponsorship has implications for the funding of RTÉ and existing independent radio stations. However, a question to be asked is whether it is fair to inhibit the development of local and regional television services because of the effect such services might have on the sources of funding for other media.

9.5 If such services are to be authorised the issue of the need for an appropriate regulatory mechanism for such services has to be addressed. A case can be made for the assignment of responsibility for such regulation to the Independent Radio and Television Commission as the services would be local in nature or to the "Super Authority" if it were established. In terms of market size and therefore commercial attractiveness the greater Dublin area probably represents the most attractive franchise area for a regional television service. Such a service would be unlikely to have a strong regional or local identity and it is a matter for consideration whether provision should be made for such a service at all. Would communities be better served if only local television services were authorised?

9.6 The use of conventional broadcasting transmitters for regional and local television services would represent a not insubstantial capital investment in transmitters and infrastructure. In addition, the use of such transmitters would depend on spectrum availability. Given the financial resources likely to be available to interested applicants for licences to operate regional and local television services, assuming such interested parties exist, it might be preferable to concentrate on the provision of such services through the medium of channels on cable and MMDS systems.

9.7 In other countries a dual concept of the community channel exists. In the first case cable operators are obliged to make available a community channel for use by and on behalf of the community served. In the second case the cable operator programmes a local television channel. Should a requirement to provide a channel for use by and on behalf of the community served be imposed on cable and MMDS operators? If so, how should it be funded? A number of options could be considered, e.g. at the cable/MMDS operators expense, by way of local contribution from the Local Authorities and/or business community, sponsorship and advertising or through a diversion of a proportion of cable/MMDS licence fee receipts currently payable to the Exchequer. This channel could be used, for example, to provide information and advice by the health and welfare services as well as by the Local Authority on citizens' rights and responsibilities, if the authorities concerned were prepared to use the facility for the purpose.

Any demand for community television must find its initial impulse in community action to ensure the authenticity of its structures and responses. What measures will best facilitate the emergence of procedures to support the making of non-studio based programmes by community based groups in the first instance? How will fair access for a diversity of groups to a community channel be decided? It may be the case that the provision of community television programming may involve the displacement of mainstream programming on cable and MMDS systems. In the case of cable systems it is technically feasible, at a cost, to engineer local cable systems so that the views of local communities, perhaps expressed through a referendum at local authority ward level, as to their desires in relation to local programme access could be given effect.

9.8   **National and Local Radio Services.** Since the setting up of the Independent Radio and Television Commission in 1988, some 23 independent radio stations spread across the country have come on air. A national independent radio service - Century Radio - made a brief appearance only to succumb to commercial pressures and the unwillingness of its shareholders to continue. No regional station as such has been licensed by the IRTC but the two Dublin stations and the station in Cork serve substantial populations and might be said to have a quasi-regional status. The other services are primarily local in character and where mergers have occurred it has been a priority to ensure that local areas continue to be adequately served. These stations, with two exceptions, are commercial operations.

9.9   Prior to 1987, RTÉ as the national broadcaster enjoyed a monopoly position in broadcasting. The licensing of private sector contractors not only redressed the question of ownership in the broadcasting sphere but also introduced editorial diversity.

Those who sought and were awarded licences did so on the basis of commercial viability, that is the expectation that in the provision of radio programming the initial capital costs could be recouped, the overhead costs covered, and a surplus generated to yield a return on the investment.

It appears that some of the stations have satisfactorily achieved this objective but that others have sustained losses which might jeopardise their ability to continue funding the company.

Given that the Government's objective in the first place was to provide opportunities for the private sector to make profits from broadcasting, is it appropriate to consider subsidy where market forces have not delivered that profit?

9.10   The further development of the independent radio sector must be based on those stations which have already established their commercial viability. New strands of programming need to be encouraged, training of new, and perhaps existing, broadcasting talent needs to be considered in order that standards will continue to improve. How then should these developments be funded? Is the primary onus on the contractors themselves and if so, how should public policy assist them? If funding from the State is thought to be an essential component, should this be on an annual basis or for a fixed period only?

9.11   **National Independent Radio.** The single unsuccessful experience of a national independent radio station has demonstrated the commercial risks involved. The IRTC is once again considering the question of offering a new contract for such a service and questions as to the nature of any service which might replace Century Radio arise. Increasingly new national services being established elsewhere are catering to dedicated interest groups - classical music, jazz, news, sports etc. Should any new national radio service be dedicated to a particular form of programming? Since the demand by its very nature is likely to come from a numerical minority, the question arises as to whether the onus to explore such possibilities rests with the public service broadcaster, the commercial sector or community based groups. Should the channel be available to a single contractor or to a number of separate contractors at different hours?

At present Ireland's frequency spectrum allocation for sound broadcasting has the capacity for a national VHF radio service in addition to RTÉ's existing networks and a possible national independent radio network, which if the technical infrastructure were constructed, could be available for a dedicated service. The question must be asked if there is room for a second national independent radio service which would utilise these frequencies or should, as an alternative, such capacity be used to solve the problem of the present sharing arrangements between Raidió na Gaeltachta and FM3.

9.12 **Community/Special Interest Radio.** The present legislation refers only to "independent radio" and does not draw any distinction between commercial radio and community radio. Broadly speaking, the term embraces all "non RTÉ" services. It might therefore be helpful to give formal recognition to the distinction between commercial and community radio in any new legislation. The most obvious difference between them is that one is "for profit" and the other is "not for profit".

9.13 So far only two community services have been operating, both in Dublin - Anna Livia and Raidió na Life. At the end of 1994 the IRTC offered special interest licences to community and higher education groups. It will be necessary to ensure that potential earnings for commercial stations will not be siphoned off to these community services so as to threaten the continuing existence of the commercial stations. Perhaps public funding from both central and local agencies could be available as "seed money" to encourage innovation by community groups which secure contracts in future.

9.14 **Issues raised in this chapter include:**

    (a)   **Should the possibility of regional, local and community television services be facilitated by amending legislation and if so how could they be funded and regulated?**

(b)   Given that the legislation allowing for the establishment of independent broadcasting services was premised on the basis that this activity should be on a commercial basis, is it appropriate to consider subsidising such services where market forces have failed to deliver the expected profits?

(c)   How should the improvement in standards in the independent sector be funded? Should it be public policy to provide financial assistance in this area?

(d)   If a national independent radio service is to be provided how should it be programmed so as to complement rather than duplicate other services already available?

(e)   How should community radio/television be funded?

Irish Language and Culture in Broadcasting
in Broadcasting

Irish Language and Culture in Broadcasting

10.1 Statistics from the European Commission indicate that of all the countries in the European Union, Ireland has the lowest level of competency in languages other than Irish and English. It is arguable that broadcasting should play a role in rectifying this situation, along with the formal educational system. How seriously do we want to take the rhetoric of linguistic imperatives in the new Europe we have decided to align ourselves with more or less irrevocably?

What is of concern in this section is the relationship between Irish and English in the broadcasting system and how to arrive at a policy that will maximise our comparative advantage as users of both. English has become the world's only supercentral language, facilitating communication between other language groups, especially the dozen or so supranational languages that are themselves lingua-francas for a huge range of national languages. English is the major lingua-franca of global manufacturing, trading, and communications. In this context, Irish is very much a minority language. The 1993 National Survey on Languages carried out by Institiúid Teangeolaíochta Éireann (ITÉ) indicates that it is used to varying degrees (ranging from everyday to very occasional or passive use) by between 10% and 40% of the population. It is, however, deeply embedded in our sense of national identity. The marginalisation of Irish (along with the other Celtic languages in its vicinity) as the language of a subaltern culture by the language of the English system has produced mixed feelings about the usefulness of Irish in the contemporary world, ranging from those who would jettison Irish totally as an obstacle to the learning of more `relevant' European languages, to those who believe use of the native language will restore a sense of national self-confidence needed to survive in today's global economy.

10.2 **A Dominant Language.** Ireland's membership of the global Anglophone community holds some promise for the development of the audiovisual industries here. It remains to be seen how solid is this promise, even given a great deal of enthusiasm, optimism, vision, commitment and resources. In common with a range of post-colonial societies in other parts of the Anglophone world, Ireland is on the receiving end of a large number of English language television broadcasts, such as those that aim at the largest possible audience using English or multi-lingual channels using several different sound tracks or sets of subtitles. English remains the dominant language in audiovisual production, as already noted, since producing a programme in English opens up a market big enough to fund expensive productions that become eligible for secondary market transmission. Even smaller language communities which do not speak English are now producing programmes in English to maximise profit through export, even before presenting them for home use.

10.3 **The Symbolic Role of Irish.** Public opinion surveys show, in the long temporal rhythms it takes for languages to consolidate, flourish, peak and decay, that while the loss of Irish has stabilised in recent decades, affection for it has increased. There is a sizable gap between actual levels of linguistic competency and usage and positive attitudes to the language as a focus of Irish identity, with a large number of people placing considerable value on the symbolic role of Irish in the life of the country. Surveys show that about two thirds of the population believe that without Irish, Ireland would lose its identity as a separate culture and even foreign commentators note that speaking Irish in the Gaeltacht gives people a sense of completeness and oneness with residual cultural traditions which they cannot experience elsewhere.

10.4 There is evidence that the usefulness of Irish is not a key criterion by which the public evaluates the language and there is considerable public doubt not only about whether it can be revived as a common means of communication throughout the country but also its survivability over the next generation or two. Surveys document a substantial public opinion shift over the last two decades in favour of more State support for Irish and the belief that the Government has a crucial role to play in supporting the language through language organisations, all-Irish schools and conducting government business through Irish, even if this entails increased public expenditure. Surveys also demonstrate an increase in public support for the view that the Government should encourage and support Irish on television. There is empirical evidence of a decrease in the belief that Irish is a `dead language' associated with all things old fashioned. Attendance at leisure events where Irish is spoken (music, dance, sports) has doubled and in some cases trebled since the early 1970s.

10.5 Should Irish language broadcasting be left to the mercy of market forces or should it be a function of Government to continue to intervene in the affairs of the language, now on the side of language rights? It seems that in Ireland, as in Scotland and Wales, the role of the language as a signifier of identity among English-speaking citizens helps towards the creation of a media presence in the minority language and the creation of a minority public sphere within the dominant one.

Should there be a single, generalised public sphere in any state or is it more useful, in countries incorporating ethnic and/or linguistic minority communities, rather than the single language nation state, to think of a minority public sphere existing inside or alongside the dominant one? Up to three hundred and fifty thousand people have good bi-lingual competence in Irish and English. Many use Irish frequently in their daily lives and others to a lesser extent. Some lack the opportunity to use it regularly. This high competence group, living inside and outside the Gaeltacht, has a limited range of media outlets and exists as part of a much larger political unit. These factors impinge in significant ways on the cultural expression of the group. If it does not have a public sphere, then it may lose its identity as a community altogether or else cling to paradigms of identity which are inappropriate for dealing with the complexities of contemporary life at the end of the 20th century.

In addition surveys show that there are significant numbers of people with more basic levels of competence or who have a passive understanding of the language. A clear majority of the population supports the policy of teaching Irish effectively in primary and post-primary schools so as to ensure a good level of competence in the young adult population. The lack of media outlets denies this group the opportunity to become part of a modern Irish-speaking community in which the general issues of the day (for example political and social issues or sporting events) can be reported on, analysed and discussed in the Irish language.

10.6　It can be argued that to deprive the Irish-speaking community of the means of public debate in its own first language is, in effect, to deny its existence, since it is constituted as a community through the Irish language and its culture is carried largely by the language. To deny the legitimacy of an Irish language public sphere is to relegate this community to the position of a cultural ghetto, useful only for

Chapter Ten

providing to the English-speaking sphere a sense of cultural continuity with the past and a feeling of cultural reassurance in an uncertain, globalised world.

10.7   Collective Identity. One of the most important functions of broadcasting in Irish is the binding together of the dispersed community using Irish by creating its own audiovisual space and deepening its sense of its own identity. Irish speakers need to hear the voices of their own communities in their own language. It is likely that the development of a public sphere will not, in itself, guarantee the survival of Irish and its related culture but without it the language will have very little chance to develop.

10.8   As in other bilingual situations in Europe, speakers will feel that they are 'outsiders' if all public debate is in the dominant language. The development of a European Union policy on Lesser Used Languages recognises these needs and the threats posed to European unity in the assumptions of cultural superiority often contained in calls for the higher efficiency and rationality of dominant languages. Safeguarding and strengthening a minority public sphere is an important way to sustain a collective identity but also to foster adaptation to change.

10.9   The possibility of an Irish language public sphere is increased if certain media conditions are supported: regular high quality news and current affairs, providing investigation and discussion of public issues; a diversity of programming content, including a broad spectrum of entertainment genres that can also contribute to the formation of a public sphere; and reasonable access to the media by a wide spectrum of opinion, so that the airwaves will not be dominated by elite members of society or media professional who can sometimes have a disproportionately influential role. In a minority language community particularly, some of those who choose to work in the minority language will tend to be media activists and particular care needs to be taken to ensure that the influence of a fairly small group of key people is balanced by locally made programmes which ensure that media content is representative of the Irish-speaking community in general.

10.10   Cultural Diversity. It stands to reason that minority-language media feel commercial pressures to a greater degree than dominant-language media, and even in Catalunya, where about six million people understand (and a significant majority use) the language, some public money is needed for broadcasting, despite the relatively large audience available. Economic realities force producers to aim at the largest market, which tends to be the Anglophone one, yet minority audiences demand that their cultural uniqueness be respected.

10.11 Is it possible that Irish language audiovisual products may reach audiences larger than those immediately anticipated for Teilifís na Gaeilge? The European Commission Green Paper (`Strategy Options to Strengthen the European Programming Industry in the Context of the Audiovisual Policy of the European Union') makes the argument that the cultural diversity of Europe, which supports a diversity of programming, will become a valuable economic asset for the audiovisual industries.

10.12 As the European public is faced with an exponential increase in media services, the trend towards more uniform programmes supplied by producers seeking to maximise their share of the European audience will be followed by a fragmentation of the market. Suppliers will be forced to develop a strategy based on programme differentiation in order to satisfy ever smaller audiences, which are nevertheless capable of sustaining a specific product. The narrower the target audience, the greater the need for a broad geographical and cultural base for production, so that quality and diversity are allowed to flourish and at the same time be economically viable. While the feature film segment of the European video market is dominated by the American industry, the European share of the non-film market is, in fact, increasing in documentaries, sport, natural history, children's programmes, music and tourism.

10.13 This analysis of trends in the market for the 21st century may hold true for Irish audiovisual products in general, produced in both languages, and it is also probably applicable to the Anglophone (particularly North American) market as well as the European. But it may have particular relevance for Irish language productions because digital technology makes it possible to edit and broadcast programmes in a variety of languages and include a wide variety of sound tracks or sets of subtitles to be used in the same broadcasting medium. This will offer new niche outlets to Irish producers and offer audiences increased possibilities of access to the productions of ethnic and linguistic minority cultures.

10.14 Research and development efforts in fostering high quality dubbing and subtitling will need to be accelerated, along with training programmes geared to the market and to new technologies, in order to exploit the benefits of digital technology and overcome audience reservations based on previous negative experience of poor quality dubbing and subtitling. This should form an essential part of a policy to foster support for creativity at all levels in the Irish audiovisual industry and thus create jobs in Ireland. The foundations of a European Union support initiative are already in place with the BABEL and SCALE programmes which aim to support minority languages and cultures.

10.15 **Demand for Irish language services.** The Irish language continues to be spoken by a sizeable number of people dispersed throughout Ireland. Both use of Irish and competence in the language have remained reasonably stable as evidenced by the national language surveys in 1973, 1983 and 1993. This survey evidence also indicates that the broadcast media represent an important contact point for members of the public with Irish. Because of the often dispersed nature of the distribution of speakers, the broadcast media fulfil a vital role in maintaining familiarity with the language and in providing an outlet for its use.

10.16 Survey data show that a significant proportion of the population supports increased provision for Irish in the media, e.g. the 1993 survey shows that 75% felt that the Government should encourage or support the use of Irish on television, up from 66% in 1973. Since 1973 there has also been an increase from 47% to 50% in the proportion who would be sorry if no Irish were spoken on national radio or television, while those who would be glad if this occurred has fallen from 14% to 5%.

10.17 **Present position regarding dedicated Irish language services.** With regard to radio broadcasting, Raidió na Gaeltachta, which broadcasts some 80 hours of programmes in Irish nationwide each week, has operated under the auspices of the RTÉ Authority since it was established in 1972. RTÉ has established an advisory committee,

Comhairle Raidió na Gaeltachta, which advises on the running of the service. The service is funded from the general sources of finance available to RTÉ.

There is also a dedicated Irish language service - Raidió na Life which broadcasts daily in the Dublin area under the terms of a contract issued by the Independent Radio and Television Commission.

10.18   With regard to television, the Government has decided to establish a new Irish language television service, Teilifís na Gaeilge. Under existing legislation the operation of such a service must be under the auspices of the RTÉ Authority. The Authority has established an advisory committee, Comhairle Theilifís na Gaeilge, to offer advice on the development of the new service, including the recruitment and training of staff and the commissioning of programmes. The Comhairle's term of office is two years or until a legislative regime for Teilifís na Gaeilge is put in place, whichever is the earlier.

The Government is anxious that the new television service, while drawing on the expertise, facilities and archives of RTÉ, should be seen to be an independent entity in its own right. Therefore, the options for a legislative structure for Teilifís na Gaeilge need to be considered.

10.19   **Future legislative arrangements for Teilifís na Gaeilge.**
It would be possible to set up a separate statutory authority to assume responsibility for Teilifís na Gaeilge along the lines of the existing RTÉ Authority and the IRTC. However, if the view is that for a country of this size, two regulatory Authorities dealing with broadcasting are unnecessary, it is difficult to argue in favour of the creation of a third body. If the regulatory/policy functions of the RTÉ Authority and the IRTC were to be merged into the "Super Authority" concept, it is hard to produce convincing arguments that there should be a separate statutory authority for Teilifís na Gaeilge.

The most efficient arrangement, if a "Super Authority" were to be created, would be to treat Teilifís na Gaeilge in the same way as the existing RTÉ services would be treated and have the channel operators answerable to the "Super Authority". It would fall to the "Super Authority" to negotiate annually with the Government the level of Exchequer funding to be made available for the service.

10.20 **Future legislative arrangements for Raidió na Gaeltachta.**

With regard to Raidió na Gaeltachta the present administrative arrangements have worked reasonably well. However, with the establishment of Teilifís na Gaeilge and some form of accompanying independent structure to oversee the running of the service, is there a case for transferring responsibility for Raidió na Gaeltachta to the suggested new body?

There would seem to be a logical advantage for both services with such an arrangement. Such an arrangement would of course mean that the funding arrangements for Raidió na Gaeltachta would have to be clearly set down. At present, as stated earlier, the service is funded by RTÉ out of its general financial resources.

It has been suggested in Chapter 8 that if the suggestion of the creation of a "Super Authority" were to be adopted, responsibility for apportionment of net licence fee revenue between the various services would rest with that body. Subject to a satisfactory bottom line figure being agreed at the outset, this funding mechanism would seem to be appropriate for the future if Raidió na Gaeltachta were to be separated from RTÉ.

10.21 **Duties of broadcasters in relation to the Irish language.**

Notwithstanding the fact that certain dedicated Irish language services exist or are in the course of provision at present, the Government does not accept that this absolves all other broadcasters from meeting their obligations to the public in respect of the Irish language and the culture associated with it in their broadcasts.

The role and duties of broadcasters must be seen in the first place in the context of serving the needs of the Irish public which is a bilingual public albeit one in which the use of the English language is greatly dominant.

The broadcast services provided need to be considered and evaluated in the context of the national policy on the development of bilingualism in Irish society and have regard to the principles underlying that policy.

10.22   **Present legislative position.** In relation to RTÉ, Section 17 of the Broadcasting Authority Act, 1960, as amended by Section 13 of the Broadcasting Authority (Amendment) Act, 1976 requires the Authority in its programming:-

> "to be responsive to the interest and concerns of the whole community, be mindful of the need for understanding and peace within the whole island of Ireland, ensure that the programmes reflect the varied elements which make up the culture of the people of the whole island of Ireland and have special regard for the elements which distinguish that culture and in particular for the Irish language."

There is no such requirement on the independent sound broadcasting sector. Section 6 of the Radio and Television Act, 1988, requires the IRTC, in determining the most suitable applicant to be awarded a sound broadcasting contract, to have regard, inter alia to:-

> "the quantity, quality, range and type of programmes in the Irish language and the extent of programmes relating to Irish culture proposed to be provided."

Sub-section (3) of Section 6 provides that:-

> "In considering the suitability of any applicant for the award of a sound broadcasting contract to provide a sound broadcasting service in respect of an area which includes a Gaeltacht area, the Commission shall have particular regard to the preservation as a spoken language of the Irish language."

10.23   **Future legislative requirements.** The current statutory provisions in relation to RTÉ and in relation to the independent sector are considered by some to be ineffective in ensuring an adequate place for the Irish language in the programme schedules of these services and many see the need to improve the situation significantly.

As the independent sound broadcasting sector is, in general, operating almost entirely in the English language, there is considerable doubt as to the adequacy of the provisions of section 6 of the Radio and Television Act, 1988. While it is acknowledged that there has been an improvement in RTÉ's Irish language programming in recent years, nonetheless, the inherent vagueness of its statutory obligation is a cause for concern.

10.24   If the objective of ensuring that a reasonable amount of Irish language programming is available across the range of Irish broadcasting services is accepted, the question must be asked if new legislative provisions, which would incorporate clear and measurable criteria, are necessary to ensure that this objective is met.

10.25   If such provisions are deemed necessary, it would seem that any "Super Authority" responsible for overseeing the operations of the broadcasting sector would require adequate powers and resources to ensure that the broadcasting needs of a bilingual society are not sacrificed to economic or linguistic expediency. For example, is it not reasonable to expect commercial broadcasting stations - particularly those which are financially viable - to include a reasonable amount of Irish language programming and programming relating to Irish culture in their schedules? In this context, it may be desirable to enable a "Super Authority" to act positively in areas such as training and syndication of broadcast material so as to help broadcasting services to achieve adequate levels of programming in the Irish language.

10.26   **<u>Issues raised in this chapter for debate include:</u>**

    (a)   How should Government continue to be involved in Irish language broadcasting?

    (b)   What should the future legislative arrangements for Teilifís na Gaeilge be? Would changes to the present administrative arrangements for Raidió na Gaeltachta be desirable?

    (c)   Are current legislative provisions with regard to broadcasting in the Irish language on RTÉ and independent broadcasting services adequate? Should new legislation ensuring that a reasonable amount of Irish language programming be available across the whole range of broadcasting services be enacted?

Chapter Eleven

Children as Viewers

Children as Viewers

11.1   Television is an important part of the total culture in which the child is born, grows and develops into an adult. Television is more than passive entertainment. It is, in effect, a huge symbolic environment for many children, in which they find food for cognitive development at an early age and an orientation to the whole process of socialisation. For the first time in the history of our species, most of the stories told about people, aging, death, sex, companionship, sex roles, minorities and much more are told not by parents, schools, churches, or community elders, but by a group of distant producers who have something to sell. The roles they offer children are the products of complex globalised manufacturing and marketing systems.

Children form one of the most important minorities traditionally given special attention by public service broadcasting. Programming needs to be especially sensitive to children's information processing capacities at various ages.

11.2   **Children seen as Consumers.** The move to liberate market forces from regulation in some countries however, has had a demonstrably bad effect on children's television, stripping it of weekday family viewing times, increasing the amount of advertising directed at children too young to understand its selling intent, destroying any interest in providing dramatic programmes, news and information series to stimulate young minds' curiosity about science, nature and the arts.

We can learn much by examining the experience of other countries. Deregulation in the US referred to in Chapter 3 led to a dramatic decline in children's educational programmes and boosted the creation of programme-length commercials which blur still further for young children the distinction between programme and commercial matter. The Children's Television Act of 1990 went some way towards establishing a new framework for children's television policy by requiring stations to provide educational and informational programming, limiting advertising time, establishing a National Endowment for children's educational television and ordering the Federal Communications Commission to re-examine its attitude to the deregulation of programme-length commercials.

11.3 **Growing up in Ireland.** How well are Irish children served by broadcasting and by television in particular? What special measures need to be taken to ensure that within the economics of television, sufficient resources will be available for this special category of viewer? What is a healthy mix of programmes in terms of genre and of place of origin? Should we be concerned, for instance, if three quarters of what young children view provides no cultural resonance with the basic structures of meaning and feeling associated with life in Ireland today or if television offers no children's equivalent of the adult category of news/current affairs? How well are different levels of childhood served, from preschoolers up to adolescents? Are there ways to intervene in children's education, for example through Media Studies, so that their visual literacy is improved and they are not overwhelmed by the plethora of material available, not only from RTÉ and other terrestrial stations but also from an array of satellite services and video suppliers increasingly available in Ireland? Are there mechanisms in place which will facilitate feedback to television producers from parents and teachers? Should advertising minutage regulations make special provision for hours during which programmes are directed at children?

11.4 **Issues in this chapter for debate include:**

(a) **How are Irish children served by our broadcasting services?**

(b) **Should advertising directed at children be more strictly controlled?**

Educational Broadcasting

Educational Broadcasting

12.1 The potential of broadcasting in the educational and social sphere has been underutilised mainly because of a shortage of resources. Perhaps the range of interconnections which the complexity of modern society involves could be mediated through the broadcast system. At a time when high levels of unemployment around the world create the circumstances in which racism flourishes, it is imperative that the values of tolerance and understanding should be internationally promoted; there is a real challenge in structuring the communicative order in a way which will facilitate this.

The traditional role of television to inform, educate and entertain can be given depth and contemporary relevance

by a commitment in the information age to empower citizens by providing services concerning rights and entitlements;

by assisting personal development through new access to educational courses;

by providing entertainment which reflects the cultural values and attainments of a people confident in their distinctive identity within the European Union.

12.2 **Background.** Television is an important resource for our schools. Formal educational broadcasting to schools has comprised largely the "Telefís Scoile" project which was funded by the Department of Education. Specific elements of RTÉ Radio and Television general output fall into the educational category and much of RTÉ's other output has educational elements therein. Currently there is close co-operation between RTÉ and the Audiovisual Centre at University College, Dublin in the production of adult education series and in other education and training series.

12.3 **Schools.** Educational programmes designed specifically for use in first and second level schools can enrich the quality of students' educational experiences and curricular support for teachers. In this regard it is worth noting, however, that over the period 1988 to 1992 there has been a fall in educational television output by European public service broadcasters generally which apparently reflects changes in attitudes to the way in which such material should be conveyed. There is now more emphasis on the use of videocassettes rather than watching broadcasts at time slots not always convenient in the context of class scheduling in schools. The fact that some countries have handed over responsibility for the transmission of educational programmes to specialist broadcasting organisations may account in part for this apparent drop.

12.4   **Life Long Learners.** Education and training are now no longer confined to the years of formal education but extend throughout a person's lifetime. New and flexible methods for the provision and delivery of educational material to the community at large, ensuring equality of access to urban and rural dwellers and the underprivileged, may have to be developed, including the use of the broadcast media.

12.5   **Higher Education.** International experience, e.g. the British Open University, suggests that broadcasting is an efficient vehicle for the delivery of third level education courses. Earlier this year the first ever university certified course to be delivered by satellite drew to a close. The European Virtual Classroom used satellite and telephone based interaction to teach at a distance. Satellite television for education and training is now supported by the European Union as evidenced by:

(i)   the DELTA Project.

(ii)   EUROSTEP Satellite Channel - a non-profit organisation of institutions and companies active in the field of education and training using multi-media and satellites for the dissemination of education and training across Europe.

(iii)   EUROFORM - a programme within the ESF has funded a satellite delivered course from UCD direct to Small and Medium Enterprises.

It should be noted that the infrastructure for learning-at-a-distance already put in place by the National Distance Education Council (NDEC) would be a natural foundation on which to build. The NDEC's Inter-University Distance Education degree in Humanities, for example, uses text-based self-instructional packages, prepared by academics in the six participating universities, supported by some audiovisual material and personal tuition and tutorial in 15 study centres spread throughout the country. The presentation of course material could be enhanced by the use of broadcasts in the general area of the Humanities subjects, specially produced instructional radio and television programmes, archival programmes and broadcast lectures.

To what extent will new communication technologies enhance these traditional capabilities of broadcasting? The decrease in the cost of access to a new generation of satellite allows for increased use of broadcasting in Distance Education in North America where it is now cost efficient to communicate with relatively small groups of students, thus facilitating a high level of student interaction. A digital highway linking the third level colleges in Ireland (in which many of the NDEC study centres are located) would allow for video conferencing to be used, either on its own, to deliver lectures and tutorials or, in conjunction with terrestrial broadcasts, to link up with a broadcasting studio to give greater impact to student-lecturer inter-activity. Telephone, fax and e-mail are already being used for this purpose.

It would seem highly appropriate at this time, as the goal of increased access to education runs up against the economic realities of delivery systems, to explore fully the education potential of new information and communication technologies.

12.6 **The future.** Broadcasting and new technologies will be significant participants in the partnership to build a dynamic and creative educational environment for the next century. At present the many new and exciting projects in operation may be occurring in isolation. A form of centralised co-ordination and funding might help to maximise the benefits of these developments. Should any such centralised co-ordination be the responsibility of a broadcasting authority or an education authority? What structure would best offer a guarantee that technology will be the servant of educators, rather than the other way round? With regard to the availability of terrestrial broadcasting frequencies for a dedicated educational television channel it should be noted that, with the establishment of Telefís na Gaeilge and if an independent television channel is established, Ireland's allocation of frequency spectrum for national television channels will have been exhausted. Therefore any such channel would have to share a transmission network with another channel. This constraint should be overcome with the arrival of digital transmission, but this is a long term option. Maybe this constraint is not serious. It would always be possible to transmit educational programmes during the night time for recording on video recorders. Schools would be free under the arrangement to use the broadcast material at times to suit themselves.

12.7 **Funding.** Programmes of an educational nature broadcast by RTÉ are currently funded from general broadcasting revenue, including licence fees. The establishment of a more formal structure for educational broadcasting would require the availability of a dedicated and not insignificant source of funding. Should this source of funding be the Department of Education as was the case for Telefís Scoile or should it come from licence fee revenue, sponsorship or otherwise? If educational broadcasting is to be integrated into overall educational policy it would seem that its funding and development should have a significant input from the Department of Education.

If, however, licence fee revenue were to be allocated for this purpose the disbursement of such funds would more correctly fall to be dealt with by the suggested Authority referred to in Chapter 4 above with a policy input from the Department of Education. Given that for the foreseeable future, assuming that four national television channels are operational, terrestrial transmission of a formal educational service will have to share a transmitter network with an existing channel, it is probably more appropriate that any formal structures for administering the service should be under the control of a broadcasting authority.

12.8 **<u>Issues raised in this chapter for debate include:</u>**

    (a) **Have broadcasting services a role in the educational system?**

    (b) **If so, how can the new technologies be exploited to this end?**

    (c) **What administrative structure would be appropriate?**

    (d) **How should educational broadcasting be funded?**

Chapter Thirteen

3 News and Current Affairs

News and Current Affairs

13.1 At present news and current affairs programming at the national level is under the editorial control of one body, the RTÉ Authority. One of the objectives behind the enactment of the Radio and Television Act, 1988, in providing the possibility for the establishment of an independent national radio service and an independent national television service, was to create an opportunity for Irish viewers and listeners to have a choice of editorial treatment of news and current affairs programming within the constraints of the statutory requirements relating to objectivity, impartiality etc. As the independent national radio service failed and the independent television service has not come into being, the objective has not been achieved. The question is whether this continues to be a worthwhile objective. The Government believes that it does.

13.2 **Television.** If the objective is worthwhile there may be a case, for so long as a third independent television service does not emerge, to provide in legislation the opportunity for the provision of a news and current affairs service that would not be subject to the editorial control of RTÉ on one of the existing television channels by an independent entity on a commercial basis. If the idea of a "Super Authority" were to be adopted it would fall to this body to arrange such a service and to determine its place in the programme schedule.

13.3 **Radio.** As already stated the independent national radio service failed. The statutory power to enable the Independent Radio and Television Commission to enter into a contract with another operator remains. The independent national radio contractor provided a national and international news service for the independent local radio sector. Since the demise of the national radio contractor a service is being provided to this sector by other means.

News and current affairs programming is an important element in the schedules of independent local radio stations and fulfils the Government objective in relation to listener choice in this area. The question arises whether the present arrangements are adequate. Is there a case for the establishment of a dedicated national and international news agency to provide a news service on a commercial basis for the independent radio sector? If such a development is desirable it would be costly. It is accepted that news and current affairs programming is one of the most expensive programme categories in broadcasting. Would such a service be commercially viable or would there be a need for financial support? If such a service were to require a subsidy, from what source should the subsidy come - licence fees, a levy on the advertising revenues of the independent sector, or the Exchequer? A combined service providing television news and current affairs as outlined in paragraph 13.2 and radio news and current affairs might be attractive commercially.

13.4 **Issues in this chapter for debate include:**

(a) **Should viewers and listeners have a choice of editorial treatment of news and current affairs programming?**

(b) **How can this choice be provided nationally on radio and television in the absence of national independent radio and television services?**

(c) **Is there a case for a dedicated national and international news agency to provide a news service on a commercial basis for the independent sector?**

(d) **Would such a service be commercially viable or would there be a need for financial support?**

Chapter Fourteen

14 Quotas in Broadcasting

Quotas In Broadcasting

14.1 Independent radio contractors are required by Section 9 (1) c(i) of the Radio and Television Act 1988 to devote 20% of the time to news and current affairs programmes, although derogation is permitted. There is no such statutory requirement in relation to RTÉ Radio 1, 2FM or Cork 89FM which are competitors of these contractors.

It has been argued that the financial burden of meeting this obligation has seriously affected the viability of some stations; on the other hand there is a conviction that acceptable standards of broadcasting will not be achieved unless a minimal expectation regarding news and current affairs can be enforced.

Is there a case for the relaxation of this level of news and current affairs programming, and perhaps for the application of a similar statutory quota to RTÉ radio services?

14.2 The case has been put from time to time that in order to stimulate various sectors of artistic endeavour quotas should be determined by statute for such activities. Recently the Independent Radio and Television Commission has imposed a non-statutory quota requirement on independent broadcasters in relation to the use of Irish recordings and artists. The Commission favours a specific legislative framework to re-enforce this objective, one which would apply also to RTÉ Radio 1, 2FM and Cork 89FM. In this regard, there can be no doubt but that Irish record companies have a crucial role in relation to the recording and promotion of music of Irish origin and in relation to the promotion of Irish culture. The Government is also aware that in other countries statutory requirements have been laid down regarding the amount of broadcasting time that should be devoted to particular categories of programming. In one country a special fund has been created to stimulate national cultural broadcasting productions.

14.3 However, experience elsewhere with the use of statutory quotas for specific programme categories would not encourage the Government to go down this road. The mechanism is a blunt, inflexible instrument. If it is enshrined in legislation the quota must be met. Therefore, quantity rather than quality becomes the criterion. Mediocrity may become the norm if artists and composers are guaranteed air play. Programming as a consequence could become dull and unimaginative and will probably fail to reflect the needs and wishes of the audience to be served. However any contrary views on this issue will be taken into consideration in the formulation of proposals for new broadcasting legislation.

14.4   <u>**Issues in this chapter for debate include:**</u>

    (a)   **Do quotas in relation to programme content work to the benefit of viewers and listeners generally?**

    (b)   **Do quotas work to the benefit of the audiovisual sector?**

Chapter Fifteen

5 International Broadcasting

International Broadcasting

15.1 Many nations operate international broadcasting services for a variety of reasons, e.g. to put across to a world audience a national point of view, to keep in touch with expatriates etc. Some of these services are funded totally by Government while others are funded from licence fee or other revenues. In general, international broadcasting is associated in peoples' minds with short-wave sound broadcasting. In recent times satellites are being used to transmit sound broadcasting services internationally and the culture of listening to radio by satellite, with its interference free reception, is growing. The number of international television and radio services transmitted by satellite is increasing all the time.

15.2 In the new international broadcasting environment it is probable that public service broadcasting stations must, in order to survive, no longer rely purely on a national strategy. For the future they will need to develop an exportable product. With new technology and the ever decreasing cost of satellite distribution should RTÉ be formally charged with the responsibility to address the Irish diaspora? Within Europe is there a case for a public service satellite channel, funded by the European Commission as part of its strategy to strengthen the European programme industry in the context of audiovisual policy of the European Union? As satellite radio and television may represent the biggest threat to the continuing financial viability of public service broadcasters, these broadcasters should be assisted to use the same means to distribute high quality programmes throughout the Union.

15.3 The Government decided in the late 1940's to establish an Irish short-wave radio station but the project was abandoned. While there is a feeling of adventure associated with short-wave listening, it is an unsatisfactory broadcasting medium. To provide coverage requires many transmitters operating on different frequencies at different times of the day and at different times of the year. Reception is erratic and not of a high quality. Because of this it does not attract large audiences and the average radio receiver does not have short-wave bands.

15.4 If the objective is to provide a reliable international radio service the use of satellites would appear to be a preferable proposition. Listeners would have to invest in the appropriate receiving equipment to obtain the service. The service could, of course, be relayed on cable systems operating in the service area of the selected satellite transponder.

Whether the service would be relayed on these cable systems would depend on consumer demand and on the commercial decisions taken by cable operators.

15.5 RTÉ provides a 24 hour radio service to Europe using the Astra satellite. The service comprises Radio 1 in its entirety followed by 2FM overnight. RTÉ also provides a 3.5 hour service of programming by satellite to North America each day and they hope that in due course the service can be extended to cover the full 24 hours. An independent local radio service also transmits its service via satellite to Europe. Against this background the questions to be asked are is there a need for additional international services in the national interest and if so could they be justified on economic grounds, how would they be funded and, in particular, would they be an attractive advertising medium for internationally trading Irish businesses, what programming would be provided, and by whom.

15.6 The Government notes that the radio service "Atlantic 252" in which RTÉ has a minority shareholding broadcasts programming on the long- wave frequency allocated to Ireland and directed at the UK. It is a matter for consideration whether, when the current agreement relating to the use of the frequency expires, a different use could be made of it in the national interest. For example would the coverage of Radio 1 in the UK be better on long-wave than on the medium-wave? Indeed would reception of Radio 1 in parts of Ireland be better on long wave than on medium-wave?

15.7 Apart from the availability of Irish broadcasting services internationally, is there a need in the current environment to consider whether there should be a regulatory framework to cater for the establishment and transmission of broadcasting services from Ireland on a purely commercial basis with no particular cultural relationship with the country? If such services were to be established in this country there could be economic benefit through employment creation and exploitation of the telecommunications infrastructure. Such services would of course have, in addition to complying with any Irish regulatory regime, to comply with the terms of the EU Directive - Television without Frontiers.

15.8   <u>Issues in this chapter for debate include:</u>

(a)   Should public service broadcasting exploit satellite technology to reach an international audience?

(b)   Is there a need for an international broadcasting service in the national interest and if so how could it be funded and who should operate such a service?

(c)   Should international broadcasting on a purely commercial basis be permitted from Ireland? If so, how should such broadcasting be regulated?

6 Issues of Concentration
of Ownership and
Cross Ownership

Issues of Concentration
of Ownership and Cross Ownership

16.1   Existing statutory provisions in relation to these matters relate,
understandably, only to the independent sector. Even then the
provisions are more exhorting than binding. Section 6 of the Radio and
Television Act, 1988 merely requires the Independent Radio and
Television Commission, in considering applications for a sound
broadcasting contract, to have regard to the desirability of allowing any
person or group of persons to have a control of, or a substantial
interest in, an undue number of sound broadcasting services or to
have control of, or substantial interests in, an undue amount of
the communications media in areas covered by sound
broadcasting contracts.

16.2   Separately, in accordance with Government policy in relation to the
semi-State sector, RTÉ has been encouraged to develop ancillary
commercial activities. Concern has been expressed that RTÉ has
encroached on areas of activity where the private sector is providing
adequate facilities and that full transparency in the way RTÉ apportions
costs to such activities is not provided. There is therefore a legitimate
concern that RTÉ may not be charging economic fees for such services
and/or may be capable of abusing its dominant position. Examples of
such activities that appear relevant include the provision of recording
studios and the activity of music publishing.

16.3   There is a point of view that RTÉ's freedom to promote across its radio
and television services its own activities and activities with which it is
associated, without such promotion being taken into account in the
calculation of the amount of broadcasting time devoted to advertising
is unfair.

A number of issues fall to be considered under this heading:

   (i)   in the case of the independent broadcasting sector whether
           the existing legislation is sufficiently strong to ensure that a
           desirable plurality of ownership of communications media is
           maintained and that in particular the independent sector can
           not encroach unfairly on the market of the print media,
           in particular;

(ii)   in the case of RTÉ, (a) how the commercial freedom it
has in relation to ancillary activities, possibly involving
cross-subsidisation and cross-promotion, should be
transparent so as not to lead to any abuse and be seen to be
contributing to a regime in broadcasting in the most general
sense; and (b) given the dominant role of RTÉ as a
broadcaster and its importance to writers and composers, how
should RTÉ in its ancillary activities ensure respect for the
freedom and aspiration of these creative workers so that
access for their work to the airwaves is not tied to the
acquisition of commercial rights.

Any views received on these issues will be taken into consideration in
framing fresh broadcasting legislation.

16.5   **Issues raised in this chapter for debate include:**

   **(a)   Should RTÉ be free to cross-promote its programmes
   and non-broadcast activities across all its
   broadcasting services?**

   **(b)   Is existing legislation adequate to ensure plurality
   of media ownership in the independent sector?**

   **(c)   How can transparency in RTÉ ancillary activities
   be secured?**

   **(d)   How can potential abuse by RTÉ of its dominant
   position in broadcasting be guarded against?**

Wt. P42404. 5,000. 4/95. Cahill. (M13560). G.Spl.